Les états d'esprit de » l'âme liseuse »

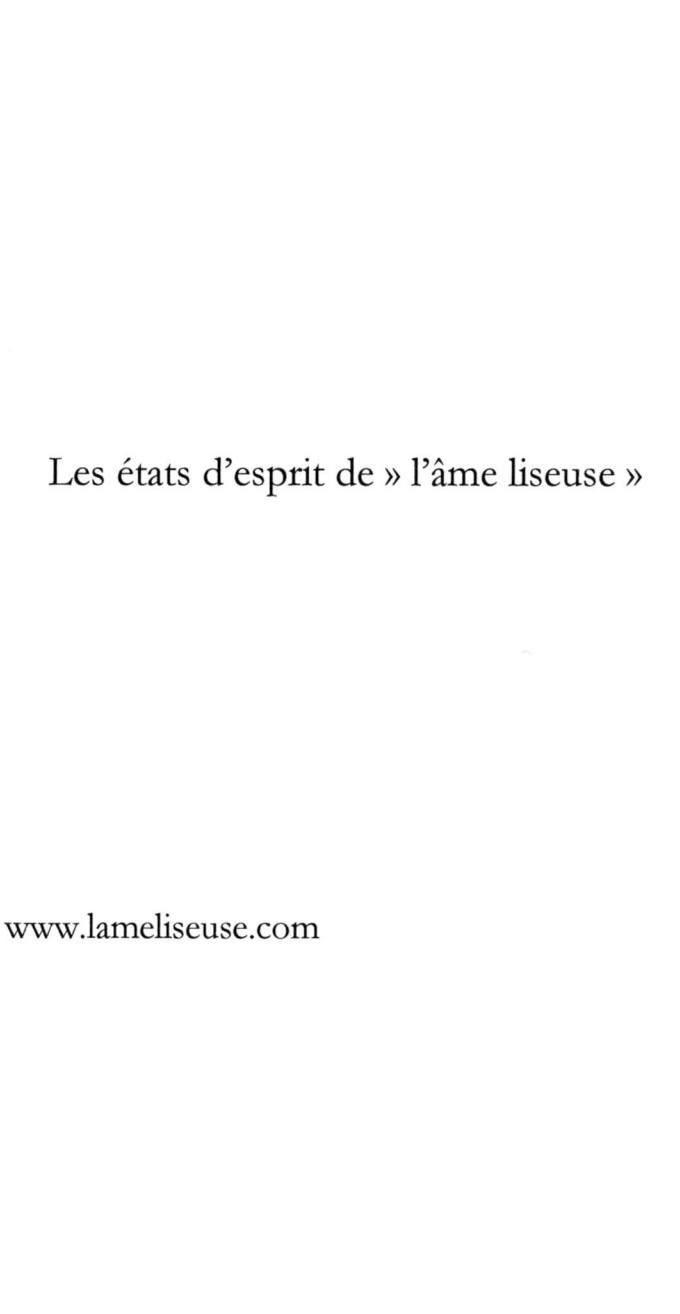

www.lameliseuse.com

© 2024, Anne-Lise Le Saint

Édition : BoD · Books on Demand, 31 avenue Saint-Rémy,

57600 Forbach, bod@bod.fr

Impression : Libri Plureos GmbH, Friedensallee 273,

22763 Hamburg (Allemagne)

ISBN : 978-2-3225-5506-2

Dépôt légal : Décembre 2024

Anne-Lise Le Saint

Les états d'esprit de « l'âme liseuse »

Répertoire du jeu de cartes

« Les états d'esprit de l'âme liseuse »

*« Dans chaque pensée réside la puissance
de forger notre réalité »*

Prologue

Ce livre est un répertoire basé sur le jeu de cartes « Les états d'esprit de l'âme liseuse », conçu pour explorer en profondeur les diverses dispositions mentales qui influencent notre perception et notre interprétation du monde. Ce coffret unique propose une fouille intime à travers les couches superposées de nos couleurs intérieures, en utilisant les émotions, les sentiments et les ressentis comme guides.

Chaque carte de ce jeu représente un état d'esprit distinct, accompagné de formules philosophiques pour aider à sa compréhension et à sa conscientisation. En tout, le coffret contient 64 cartes, chacune destinée à éveiller le discernement et à clarifier des notions parfois confuses que nous ressentons sans toujours pouvoir les nommer.

Ce recueil incite à aborder nos états d'esprit avec philosophie, soulignant que pensées, paroles et actes sont interdépendants. Il offre ainsi une opportunité précieuse de connaître et de nommer nos états d'esprit pour mieux les utiliser. Il montre que les pensées et les émotions sont intrinsèquement liées.

La fouille intime proposée par ces cartes commence par une prise de recul par rapport à nos états d'âme, permettant de dépasser une perception trop subjective de la réalité. L'esprit philosophique devient alors une exploration constante, une quête d'étonnement et de compréhension de soi.

Un regard philosophique sur nos états d'esprit

La pratique de la philosophie dans notre quotidien est un art de vivre. Très souvent, le travail de la pensée est négligé ou corrompu. Nous avons tendance à croire que nous maîtrisons la manière de percevoir le monde, que le libre-arbitre est sous contrôle, et que nous avons prise sur nos pensées, renonçant à changer de regard. Ce mode de pensée peut devenir limitant. La philosophie est un art qui ouvre l'esprit à l'inimaginable et à l'extraordinaire. Nous résistons souvent à l'inconnu, nous installant dans un confort superficiel. Nous craignons les changements et nous nous enfermons dans des convictions ou dans le déni. L'imagination envisage une réalité toute faite et se figure souvent que le mécanisme de la pensée est volontaire. Même s'il faut admettre que nous sommes à l'origine de nos pensées et que notre responsabilité est engagée, une part non négligeable reste totalement inconsciente dans le processus intellectuel et émotionnel.

À partir de notre esprit critique, nous détenons les clés d'une ouverture au monde plus vaste, plus ludique et plus riche. Penser est un art. Penser est une activité à part entière qui nous oblige à la lucidité et à l'introspection.

Penser sert à comprendre et à accueillir le nouveau pour percevoir le monde dans tout ce qu'il représente, aussi étonnant soit-il. C'est aussi aspirer à plus de liberté intérieure pour se défaire des idées préconçues. Philosopher consiste aussi à s'engager davantage dans ce que nous transmettons et à prendre le risque de s'exposer, d'être jugé et de se justifier. C'est être plus responsable et autonome. C'est mûrir, s'épanouir. Mais aussi se bouleverser, se surprendre, et même prendre le risque de s'angoisser.

Philosopher, c'est dans la contemplation, pouvoir inventer, créer, et toucher le réel avec notre sensibilité. C'est interagir avec le monde, se placer. Et par la dialectique, identifier et nommer.

Penser peut être compliqué, éprouvant, déroutant et nous expose à l'égarement, la confusion, et l'illusion, alors même que nous tentons justement par cette pratique d'y échapper.

Philosopher, c'est vivre. En se confrontant au

chaos, au doute, à l'abondance de concepts souvent opposés qui se juxtaposent.

Quant à l'ignorance, elle peut être perçue comme porteuse de simplicité, de facilité, de vacuité... Confondue avec l'innocence, elle peut être confortable et même salutaire, mais elle est parfois réductrice. Beaucoup d'entre nous font ce choix jusqu'à devenir l'instrument d'une pensée collective.

Apprendre, dès le plus jeune âge, à penser par soi-même, à s'interroger, et à remettre tout en question est essentiel pour développer l'esprit philosophique. Mais aussi pour exister au-delà de la censure et du regard de l'autre.

Cesser de penser provoque une interruption de l'esprit de jugement. Cet état d'être nécessaire au repos présente un risque de soumission, de dépendance et de stagnation.

Alors philosophons !

Explorons la pensée, le monde, le soi !

Avec intérêt, persévérance, avec profondeur, honnêteté, observons l'humanité et ses états-d'âme !

Carl Gustav Jung disait que « Réfléchir, c'est difficile. C'est pourquoi la plupart des gens jugent ».

Les états d'esprit

Un état d'esprit fait référence à la disposition mentale, à la perspective ou à l'orientation générale de pensée d'une personne. Il représente la façon dont nous percevons et interprétons le monde qui nous entoure, ainsi que notre attitude et nos croyances fondamentales.

L'état d'esprit peut influencer nos pensées, nos émotions et nos actions, et il peut jouer un rôle important dans notre vie, notre réussite et notre capacité à faire face aux défis de la vie. Il existe différents types d'états d'esprit qui peuvent varier selon les situations et les domaines de notre vie.

Des états d'esprit constants nous font croire que nos qualités, nos compétences et nos capacités sont essentiellement figées et immuables. Nous sommes enclins à penser que nos talents sont innés et qu'ils ne peuvent pas être développés ou améliorés. Les obstacles et les échecs peuvent être perçus comme des indications de nos limites personnelles. Ces types d'états d'esprit peuvent limiter notre croissance, notre résilience et notre volonté d'essayer de nouvelles choses.

À l'opposé, les états d'esprit de croissance nous donnent foi dans nos capacités à nous améliorer et développer nos compétences. Nous essayons ainsi de progresser par l'apprentissage, l'effort et la persévérance. Nous voyons les défis comme des opportunités, et les erreurs comme des occasions d'évolution, et pour se réinventer. Ces types d'états d'esprit favorisent la motivation et l'ouverture à de nouvelles expériences.

Nous constatons que nos états d'esprit ne sont pas fixes et qu'ils peuvent être influencés et modifiés au fil du temps. Par conséquent, il est possible de cultiver un état d'esprit de croissance en développant la conscience de nos pensées et de nos croyances, en remettant en question les perceptions limitantes et en adoptant des stratégies d'apprentissage et d'évolution personnelle.

L'état d'esprit joue un rôle crucial dans notre capacité à relever les défis, à saisir les opportunités et à atteindre nos objectifs. En cultivant un état d'esprit positif et propice à la croissance, nous pouvons développer notre potentiel, renforcer notre résilience et adopter une approche proactive face aux défis de la vie.

L'état d'esprit façonne la manière dont nous percevons, comprenons et interprétons les événements qui se produisent dans notre vie. C'est notre perspective ou notre attitude face à une situation donnée.

Peux-on affirmer que les émotions sont soit, positives, soit négatives ? Elles sont très certainement agréables ou désagréables. Elles sont des indicateurs et des révélateurs de nos besoins. Chaque émotion provient des profondeurs de nos histoires personnelles, et leur grande richesse offre des bases d'interprétation du réel. Nous sommes des lapsus, des actes manqués, des projections, des rêves et du mensonge, mais nous sommes aussi la réalité, la vérité et la synthèse des histoires que l'on se raconte et de nos héritages familiaux et sociaux.

L'émotion est une réponse physiologique en réaction à une stimulation externe et interne. Elle se réfère à la mémoire et sa fonction est de transmettre une information qui va permettre de réagir et de faire face à la réalité en nous mettant en alerte. Ce processus est naturel et instinctif. Cette réaction n'est pas toujours adaptée à la situation, elle est souvent subjective et peut être trompeuse ou démesurée.

Le sentiment, quant à lui, est l'état d'esprit généré par un processus cognitif. Il est une construction intellectuelle, soit en créant un point de vue sur une situation qui va engendrer une émotion, soit en conscientisant le ressenti pour lui donner du sens. Alors que l'émotion est physique, le sentiment est élaboré et complexe.

L'émotion est un mouvement soudain et automatique pour satisfaire un besoin et s'adapter aux situations. Elle est le résultat d'un état affectif intense qui se caractérise par des réactions physiologiques incontrôlables (pâleur, tremblement, cœur qui s'emballe). Certaines émotions sont très primaires pour la préservation de l'espèce humaine, telles que la peur, la joie, la colère, la tristesse, la surprise et le dégoût. D'autres impliquent le jugement en fonction d'une interprétation personnelle, comme la culpabilité. Elles sont vécues comme positives ou négatives en fonction du ressenti.

Le cerveau limbique déclenche un signal d'alarme à travers les émotions qui engendrent des sensations. Une communication constante a lieu entre nos ressentis, nos émotions et nos sentiments. Cet échange intérieur, plus ou moins conscient, va créer des comportements et des traits de caractère particuliers. Nous répondons à nos émotions et sentiments par le combat, la fuite ou la soumission.

L'émotion n'est pas un ressenti. Si les deux sont physiologiques, la sensation est, avant tout, une perception sensorielle qui implique les cinq sens. Quant à l'émotion, elle est davantage une réaction métabolique. **L'émotion n'est pas non plus un sentiment, mais certains sentiments peuvent générer des émotions et réciproquement.**

Une émotion est très personnelle. Dans un même contexte, certains seront dans la peur et d'autres dans la colère ou la tristesse. Nos émotions influencent nos comportements et peuvent les biaiser.

Elles se manifestent comme une palette de couleurs, le mélange créant un état d'esprit dont l'origine est parfois inaccessible. Nous nous servons de nos humeurs pour définir la réalité que nous percevons, car ils constituent un langage pour communiquer avec soi-même et pour prendre part au monde qui nous entoure. En effet, il est universel de se fier à nos sentiments. Mais sont-ils si fiables ? Les émotions peuvent déformer les pensées et nous enfermer dans des points de vue trop personnels. Regarder le monde de trop près peut être trompeur. De plus, les émotions fluctuent, s'additionnent et se contredisent. Elles finissent par influencer la pensée, créant des sentiments fabriqués de toute pièce par le mental.

Néanmoins, ce langage est essentiel car il évoque les parts inconscientes de soi. Il s'adresse à nous sous de multiples formes. Nous avons parfois la fâcheuse habitude de dissimuler nos émotions ou de les justifier pour se donner bonne conscience. Et si elles étaient la toile de fond de nos relations, de nos choix et de la perception que nous avons de nous-mêmes ? Bien plus que la réalité elle-même, ce sont bien nos sensations, nos émotions et nos sentiments qui donnent sa couleur à l'existence. Explorer nos états d'âme n'a rien d'original. Si l'on défait le prisme de l'arc-en-ciel de nos vies, nous nous apercevons que l'introspection est une nécessité pour discerner l'arrière-plan de nos points de vue en général.

L'exploration des émotions nécessite l'écoute des ressentis, la conscientisation, l'accueil et l'acceptation pour y faire face et en tirer parti. Nos états d'esprit sont vivants et nous suggèrent de leur donner du sens et de développer notre conception philosophique de la vie, pour apprendre à penser tout simplement.

Les cartes des états d'esprit de « L'âme liseuse »

L'exploration singulière que ces cartes proposent est une fouille intime à travers les couches superposées de nos couleurs intérieures. Cette collection représente les états d'esprit qui s'adressent à nous par nos émotions, nos sentiments et nos ressentis. Les messages qu'ils transmettent sont des clés pour la connaissance de soi. L'intérêt de ce jeu est d'éveiller le discernement et de se pencher sur des notions et des concepts parfois confus que nous ressentons sans pouvoir les définir ni les nommer.

Dans ce jeu, vous trouverez un total de 64 cartes. Sur chacune d'elles figure un état d'esprit à conscientiser et des formules philosophiques pour les appréhender.

Avant de piocher des cartes, vous pouvez poser une question ou émettre une intention.

Quel est mon thème d'éveil philosophique du moment ?

Sur quel état d'esprit est-il judicieux que je m'attarde en ce moment ?

Comment puis-je nommer ce que je ressens par rapport à une situation particulière ?

Comment puis-je aborder avec philosophie l'ensemble de mes états d'âme qui se superposent ?

Abordons nos états d'esprit avec philosophie

Les pensées, les paroles, les actes sont à l'origine de l'affluence de nos états d'esprit. La vie est émotion. Par nature, l'émotion est fugace. Puis les sentiments se créent et s'installent plus longuement avec la conscientisation. Ressentir les émotions est primordial pour ensuite les identifier et les accueillir afin d'en tirer parti. Ensuite, il est possible d'agir en toute conscience au lieu de réagir de manière compulsive.

Comme disait Aristote : "La colère est nécessaire ; on ne triomphe de rien sans elle, si elle ne remplit l'âme, si elle n'échauffe le cœur ; elle doit donc nous servir, non comme chef, mais comme soldat." Il affirmait aussi qu'il n'est pas évident d'être en colère contre la bonne personne, juste ce qu'il faut, au bon moment, pour un bon motif et de la bonne façon. Car, en effet, une émotion qui n'est pas conscientisée risque de provoquer des réactions déplacées et démesurées. Nous oublions et refoulons les causes premières qui nous animent. Nos émotions ont une grande influence sur nos choix. Ainsi parfois, nous utilisons des moyens très maladroits pour atteindre un but.

C'est en conscientisant que nous avons davantage de prise sur la réalité. Il devient ainsi possible d'agir sur les événements qui induisent nos émotions, mais aussi de connaître nos besoins profonds. Face à la peur, il y a un danger que nous pouvons mesurer pour l'éviter ou le dépasser. Dans la colère, il y a une demande de respect de soi. La tristesse révèle un manque que nous pourrons soit combler, soit admettre par un processus de deuil. Quant à la joie, elle cherche à être retrouvée et partagée.

Ce jeu de cartes offre la possibilité de connaître les états d'esprit et de les nommer, pour les utiliser.

Comme les émotions et les sentiments sont associés, ce que nous pensons et ce que nous ressentons sont intrinsèquement liés. Une pensée perturbée peut engendrer des émotions perturbatrices, tout comme des pensées optimistes peuvent conduire à des émotions agréables. Un sentiment peut intensifier ou atténuer les émotions, et certaines réactions émotives peuvent se ressembler, même si les sentiments sont différents.

Il est courant de rire lorsqu'on est joyeux, mais il n'est pas exclu de rire également lorsqu'on est nerveux ou craintif. L'interprétation des réactions émotives n'est pas toujours évidente. À l'instar des pensées et des paroles, les actions et les ressentis ont des conséquences directes sur les émotions.

Verbaliser nos états d'esprit et exprimer nos frustrations permet de mieux se connaître. L'intensité de l'émotion est propre à chacun. Extérioriser ses sentiments avec philosophie est un art. Reconnaître nos émotions permet d'assumer son passé, ses blessures et son histoire personnelle, et parvenir à innover dans ce contexte.

La fouille intime que proposent ces cartes commence par une prise de recul par rapport à nos états d'âme pour ne plus rester collé à une perception trop subjective de la réalité. L'esprit philosophique est une exploration, une quête, une attitude d'étonnement continuel.

L'équilibre des émotions

Pour équilibrer nos émotions, commençons par les considérer au premier niveau : le corps physique, afin de le calmer si les émotions sont trop fortes. Ensuite, extériorisons les émotions de manière appropriée, que ce soit par le dialogue, l'écriture, l'art, le sport, en nous connectant à notre ressenti. Il est également important d'identifier les émotions en les nommant. Ensuite, l'observation des déclencheurs émotionnels nous permettra d'explorer plus en profondeur ce qui nous anime réellement. Les causes peuvent se situer sur le plan physique avec notre hygiène de vie, ou être liées à nos habitudes. Elles sont souvent d'ordre psychologique, en lien avec notre ego et nos croyances. Dans la manière de maîtriser nos émotions, il est crucial de discerner ce sur quoi nous avons prise de ce à quoi il est nécessaire de s'adapter. Cette introspection à partir des émotions nous permet de distinguer nos envies et nos besoins fondamentaux, de comprendre les sentiments associés à nos émotions et de déterminer si un changement est nécessaire. Elle nous aide à choisir entre le détachement et l'acceptation, et à nous donner les moyens d'évoluer et de changer.

« Ce que nous évitons de reconnaître en nous-mêmes, nous le rencontrons plus tard sous la forme du destin ».

« Qui regarde dehors rêve. Qui regarde à l'intérieur se réveille »

Carl Gustav Jung.

Les émotions de base

La peur est une émotion qui nous permet de nous protéger **d'un danger réel. Mais cette menace est parfois imaginaire.** Elle peut provoquer agitation et tension et aller jusqu'à la terreur et l'angoisse ou au contraire la sidération. Nous pouvons être pris de tremblements, d'une augmentation du rythme cardiaque, d'une respiration perturbée, et jusqu'à la perte de conscience.

La joie se manifeste par un état de bonheur, d'amusement, d'enchantement et ardeur. Les émotions qui la caractérisent sont les rires, le sourire, la jubilation, les exclamations. La joie est une manifestation de plaisir profond et de plénitude, qui se caractérise par des battements de cœur accélérés ou au contraire, plus lents. La respiration est plus ample, avec une décontraction ou une excitation selon les cas. Elle nous permet de cerner les circonstances qui nous font du bien, nous incitant à renouveler l'expérience. Elle est aussi une émotion conviviale que l'on partage. Pouvoir identifier nos moments de joie est un moyen de mieux se connaître **en identifiant** ce qui nourrit nos valeurs et nos besoins.

La colère se manifeste par une frustration, une déception et un grand mécontentement, voir de la furie. Les émotions qui la caractérisent sont le dégoût, l'agressivité, le mépris. La colère est une réponse à un manque. Il y a souvent une augmentation du rythme cardiaque et respiratoire, avec des tremblements ou des contractions. Elle nous permet de réagir à **ce qui vous blesse ou nous dérange pour affirmer nos** besoins en les conscientisant et en les exprimant. La colère accumulée peut se transformer en haine et en désir de vengeance. Elle **peut également dissimuler d'autres émotions,** comme la peur, la déception ou la tristesse.

Le dégoût correspond au rejet d'un aliment, d'un lieu, d'une situation, d'une personne ou de son attitude. Il nous permet de nous éloigner ce qui pourrait nous nuire. **Cette émotion est reliée à l'instinct de survie pour se protéger des poisons. Elle est associée aussi à nos valeurs**, à la morale, et à notre culture. Elle fait référence au **jugement sur ce qui est bien ou mal.**

La tristesse se manifeste par une neurasthénie, un découragement, voire de

l'anxiété. **Les émotions qui la caractérisent sont les pleurs, l'abattement, la léthargie, voir la douleur. La tristesse** est une souffrance émotionnelle engendrée par un sentiment de perte. Elle peut se concrétiser par des pleurs, un besoin de réconfort. Elle nous encourage à **exprimer nos difficultés et à transmettre le message à notre entourage. Elle va permettre de trouver du réconfort en soi, par l'isolement, ou de se faire accompagner.**

La surprise survient face à l'inattendu. Elle peut se manifester de la même façon que la peur, mais elle est fugace et se transforme très vite en d'autres émotions, cette émotion peut nous inciter au retrait par rapport à une situation potentiellement dangereuse. Mais elle peut également ouvrir notre esprit à l'inattendu.

Au-delà de ces émotions de base, il existe une multitude d'émotions secondaires. Prendre le temps de les identifier, avant de savoir s'il est judicieux de les refouler, est une occasion de mieux se connaître.

Par exemple, le sentiment de honte se traduit par l'humiliation, l'embarras, l'indignation et le regret. Les émotions qui le caractérisent sont le rougissement, la gêne et le silence. Son refoulement peut donner lieu à de l'auto-sabotage inconscient.

Le sentiment d'amour se manifeste par la

compassion, l'élan de tendresse, la sympathie et la passion. Les émotions qui le caractérisent sont les palpitations et l'excitation. Son refoulement peut provoquer l'isolement.

Quant au sentiment de surprise, il se démontre par l'étonnement, la stupéfaction, l'émerveillement ou la perplexité. Les émotions qui le caractérisent sont le sursaut, le choc, voire l'hystérie. Son refoulement peut provoquer un désintérêt.

Répertoire des cartes du jeu
« Les états d'esprit de l'âme liseuse »

La colère

Le sentiment de colère se manifeste par la frustration, la déception et un grand mécontentement, voire de la furie. Les émotions qui la caractérisent sont le dégoût, l'agressivité et le mépris. C'est une réponse à la frustration. Il y a souvent une augmentation du rythme cardiaque et de la respiration, avec des tremblements ou des contractions. Elle nous permet de réagir à ce qui nous blesse ou nous dérange, d'affirmer nos besoins en les conscientisant et en les exprimant. À l'excès, elle peut se transformer en haine et en désir de vengeance. La colère dissimule parfois d'autres émotions, comme la peur, la déception ou la tristesse.

Carte 1 : Colère
La colère de base

Être en colère est une émotion intense souvent associée à la frustration, à l'indignation ou à l'irritation. C'est une réaction naturelle face à une situation perçue comme injuste, menaçante ou contraire à nos attentes. Lorsque nous sommes en colère, nous ressentons souvent une montée d'énergie, une accélération du rythme cardiaque, une tension musculaire et une augmentation de la pression artérielle.

Cette émotion peut être une source de motivation pour prendre des mesures et résoudre les problèmes. Elle peut nous inciter à agir face à une situation injuste ou à défendre nos droits.

Être en colère peut nous aider à établir et à maintenir des limites personnelles et à exprimer nos besoins pour nous protéger contre les comportements inappropriés des autres.

Exprimer sa colère de manière appropriée peut être une forme de catharsis émotionnelle. Cela peut nous aider à nous débarrasser de la tension accumulée et à nous sentir soulagés.

Cependant, la colère comporte également certains inconvénients. Si elle est prolongée et non maîtrisée, elle peut avoir des effets néfastes sur le corps. La colère mal gérée peut nuire aux relations avec les autres. Des explosions fréquentes de colère peuvent entraîner des conflits, une diminution de la confiance et une détérioration des liens sociaux.

Lorsque nous sommes en colère, il devient plus difficile de prendre des décisions rationnelles. La colère peut nuire à notre capacité à évaluer objectivement les situations et à envisager des solutions.

Une bonne gestion de la colère est essentielle pour minimiser les inconvénients et maximiser les avantages. Il est recommandé de développer des compétences en matière de gestion des émotions, telles que la communication assertive, la résolution de conflits et la relaxation, afin de mieux gérer et d'exprimer notre colère de manière saine et constructive.

Dans cette émotion, tu es mécontent et tu peux être énervé, voire fâché, irrité, voire furieux.

« Tu es ici dans une émotion primaire. Tu n'as pas encore pris conscience de ce qui t'anime profondément. Cette colère est peut-être déplacée et démesurée. »

Carte 2 : Colère

Excédé

Tu es excédé car tu ressens que tes limites sont atteintes. Tu te sens accablé, affaibli, abattu. Ce sentiment provient de ta colère. Tu te sens frustré de ne pas être à la hauteur. Tu manques de confiance en toi dans la situation que tu traverses en ce moment. Tu as l'impression d'être dépassé par ce qui t'arrive.

Soit parce que tu ne sais pas reconnaître ta force intérieure.

Soit parce que tu ne sais pas reconnaître tes limites.

Pour connaître ces forces ou ces limites, tu peux piocher des cartes de la collection des valeurs (Les valeurs de l'âme liseuse).

« Tu te sens excédé car tu ne sais pas reconnaître ta force intérieure. Prends conscience de toutes les épreuves que tu as déjà dépassées. Tu peux y arriver à nouveau ! Mais peut-être, au contraire, ne sais-tu pas reconnaître tes limites ? »

Carte 3 : Colère
Agacé

L'agacement est un sentiment d'irritation, de gêne, lié à une situation qui dure. Sa persistance énerve jusqu'à la colère. Prends le temps de réfléchir à cet inconfort ! Et si tu commençais par extérioriser et exprimer clairement ce qui t'agace ? L'objectif que cette situation cherche à atteindre est-il certain ? En vaut-il la chandelle ? Quel est le prix à payer ? Mesure le pour et le contre de ce que tu endures en ce moment ! Si tu ne sais pas s'il est préférable de faire preuve de courage et de persévérance ou de lâcher-prise, tu peux piocher des cartes dans une autre collection « Les conciliabules de l'âme liseuse ».

« Tu te sens agacé depuis quelque temps. Une situation te casse les pieds et t'irrite. Tu ne dis rien, mais l'expression de ta colère n'est pas loin. Tu peux décider de l'extérioriser, mais aussi d'explorer ce qui te frustre au fond. »

Carte 4 : Colère
Fâché

Lorsque nous sommes fâchés, nous nous emportons parfois. Notre frustration s'exprime par l'opposition à quelque chose ou à quelqu'un. Ce sentiment crée de la discorde et des conflits relationnels. Avec ce sentiment, il nous arrive de bouder ou de nous quereller, de couper court à une discussion ou de rompre. On peut aussi être fâché avec une activité, une idée ou avec soi-même. Se fâcher avec ou contre quelqu'un ? Ces deux expressions « se fâcher avec quelqu'un » et « se fâcher contre quelqu'un », ne disent pas la même chose. Si tu dis : « Je suis fâché avec mon meilleur ami », tu as sans doute arrêté toute relation avec lui, pour un certain temps. En revanche, en disant « Je suis fâché contre mon ami », tu signifies que tu es en colère, mais temporairement.

« Tu es fâché car tu as choisi d'exprimer ton mécontentement et ta colère. Demande-toi si cette façon de t'affirmer est juste ou démesurée, voire déplacée. Es-tu dans une réaction compulsive ou dans une colère raisonnée ? »

Carte 5 : Colère
Énervé

Lorsque nous sommes énervés, des tensions se manifestent dans notre corps. Il nous est difficile de les contrôler. Notre raisonnement se trouve biaisé et nous souffrons (voir les cartes des "Biais de la pensée de l'âme liseuse"). Dans cette situation, il est judicieux de prendre le temps de respirer et d'accorder toute notre attention au corps, avant même de s'interroger sur ce qui nous énerve. Le calme ainsi obtenu, nous aurons davantage de recul pour réfléchir. Parfois, les habitudes de vie sont à l'origine de l'énervement. Le sommeil, l'alimentation, l'emploi du temps deviennent des priorités.

« Tu te sens énervé car ton corps manifeste des tensions dont l'origine est principalement physiologique. Tu peux t'interroger sur tes habitudes de vie et te mettre à l'écoute de tes besoins essentiels. Respire ! »

Carte 6 : Colère
Irrité

Nous nous sentons irrités lorsqu'une situation ou des personnes insistent sur des choses désagréables auxquelles nous cherchons à échapper.

N'hésite pas à piocher dans les collections de cartes de l'âme liseuse pour connaître tes aspirations les plus profondes et fouiller les parts enfouies de ton être !

« Tu te sens irrité car la vie insiste pour te provoquer sur des aspects que tu cherches à fuir. Et si tu décidais de t'y intéresser pour comprendre la frustration qui se cache derrière tes excuses ? »

Carte 7: Colère

Vexé

Nous nous sentons vexés lorsque notre amour-propre est touché. L'estime de soi est bafouée. Nous pouvons nous sentir humiliés, ridiculisés et même rejetés. Ce sentiment révèle une blessure émotionnelle et une crainte d'être rabaissé, dénigré et jugé. L'image que l'on a de soi et que l'on souhaite montrer est abîmée. L'individualité et la personnalité gagneraient à être renforcées.

« Tu es vexé car tu te sens jugé. Est-ce que tu n'as pas tendance à te dénigrer, même inconsciemment ? Est-ce que tu as l'habitude de trop souvent te conformer aux autres ? Si tu crains d'être imparfait et rejeté, il est temps d'apprendre à t'aimer. »

Carte 8 : Colère
Froissé

Nous nous sentons froissés lorsqu'une situation ou des personnes nous ont blessés.

« Tu te sens froissé car quelque chose t'a blessé. Et si tu te demandais pourquoi ton amour-propre n'est pas intact ? Quelle part de toi réclame d'être alimentée, acceptée ou dépassée ? »

Carte 9 : Colère
Contrarié

Nous nous sentons contrariés lorsque une situation ou des personnes s'opposent à nos valeurs et nos attentes.

N'hésite pas à piocher dans les cartes "Les valeurs de l'âme liseuse" ou dans "Les paradigmes de l'âme liseuse".

« Tu te sens contrarié car quelque chose s'oppose à tes attentes et peut-être même à tes valeurs. Et si tu prenais le temps de t'interroger sur tes croyances et tes vertus ? »

Carte 10 : Colère
Ressentiment

Être dans le ressentiment signifie entretenir des sentiments négatifs, d'amertume ou de colère persistants envers quelqu'un ou quelque chose. C'est un état émotionnel où l'on se sent blessé, lésé ou injustement traité, et où l'on éprouve une certaine rancune ou une volonté de vengeance.

Le ressentiment peut se développer à la suite d'expériences passées qui ont été perçues comme injustes, blessantes ou offensantes. Il peut s'agir de trahisons, d'abus, de déceptions ou de toute autre forme de traitement perçu comme injuste ou désagréable. Le ressentiment peut également être alimenté par des griefs non résolus, des conflits non résolus ou des attentes non satisfaites.

Être pris dans le ressentiment peut avoir un impact négatif sur la santé mentale et émotionnelle. Cela peut entraîner une obsession des pensées négatives, une détérioration des relations interpersonnelles, une augmentation du stress, de l'anxiété et de la dépression. Le ressentiment peut également nous empêcher de vivre pleinement dans le présent et de construire des relations saines et épanouissantes.

Il est important de reconnaître et d'explorer nos sentiments de ressentiment de manière constructive. Cela peut impliquer de prendre du recul pour comprendre nos réactions émotionnelles, de pardonner ou de lâcher prise, de communiquer de manière ouverte et honnête avec les personnes concernées ou de chercher un soutien professionnel pour gérer les émotions et les pensées négatives.

Cependant, il est également important de noter que le ressentiment peut parfois être profondément enraciné et complexe. Dans certains cas, il peut être nécessaire d'explorer en profondeur les causes sous-jacentes du ressentiment et de trouver des stratégies d'évolution appropriées.

En général, il est préférable de chercher des moyens de résoudre les conflits, de communiquer ouvertement et d'adopter une approche constructive pour gérer les émotions négatives, plutôt que de rester dans le ressentiment à long terme.

« Tu te sens envahi par le ressentiment car tu as été profondément blessé par des actions injustes et des trahisons qui ont remis en question ta confiance et ta propre estime.

Grâce à cela, tu te remets en question. »

Carte 11 : Colère

Exaspéré

Ici, tes émotions sont amplifiées à l'extrême. Tout est exagéré. Demande-toi pourquoi tu as besoin d'atteindre un point de mécontentement total pour réagir.

« Tu te sens exaspéré parce que tu es au paroxysme du mécontentement. Tes émotions deviennent insupportables. Tout est exagéré, amplifié. Demande-toi pourquoi tu attends d'être à bout pour réagir. »

Carte 12 : Colère

Enragé

Cette envie de mordre est une émotion très primaire et impulsive, voire compulsive. Si elle n'est pas maîtrisée, elle risque de conduire à des actes irréparables. L'agitation et l'excitation atteignent des extrêmes, au bord de la folie.

Un manque d'intelligence ou une fatigue extrême peuvent conduire à ce type de comportement.

« La colère te met hors de toi. Tu ne te contrôles plus. Tu es enragé, au seuil de la folie. Tu t'emportes physiquement et verbalement, et tes actes n'ont plus de limites. Pour retrouver ton calme, cet état d'esprit nécessite plus de logique et de discernement. »

La Joie

La joie se caractérise par un sentiment intense de bien-être, de bonheur, de félicité et d'enchantement. Elle est généralement ressentie consciemment. Les émotions qui la caractérisent sont les rires, le sourire, la jubilation, les exclamations. La joie est une manifestation de plaisir et de plénitude. Les battements de cœur peuvent s'accélérer ou au contraire ralentir. La respiration est plus ample, avec une décontraction ou une excitation selon les cas. Cette émotion nous permet d'identifier les circonstances qui nous procurent du bien, nous incitant à renouveler l'expérience. Elle est aussi une émotion conviviale que l'on a envie de partager. Nous recherchons souvent cet état d'esprit car il est agréable. C'est en nourrissant nos valeurs et en comblant nos besoins que nous atteignons cette sensation de bien-être.

Carte 13 : Joie
Joie de base

La joie est une émotion agréable caractérisée par un sentiment de contentement. Il s'agit d'une satisfaction ou d'un plaisir ressenti. Des aspirations et des désirs sont satisfaits. Cette sensation peut être fondée sur la réalité ou l'imaginaire, et peut également se produire sans raison apparente.

Dans cette émotion, nous nous sentons heureux et avons tendance à vouloir partager ce bonheur. Ce sentiment a tendance à s'ancrer dans la mémoire, nous donnant la possibilité de le revivre.

« Tu te trouves ici dans une émotion primaire. Ta conscience est comblée. Profite de cet instant et observe ce qui te procure profondément de la joie. N'hésite pas à partager ce que tu ressens. »

Carte 14 : Joie
Heureux

Être heureux, c'est se sentir favorisé par le destin et le hasard. C'est aussi prendre conscience que l'on a de la chance. Les événements sont en notre faveur et nous pouvons profiter des opportunités qui se présentent.

« Ici, tu te sens heureux car tu vois que tu as de la chance. Des opportunités se présentent à toi et sont prometteuses. Tu es favorisé par le hasard. Alors n'hésite pas à saisir ces occasions pour être dans la gratitude et en profiter ! »

Carte 15 : Joie
Content

Être content, c'est se sentir satisfait. Avec ce sentiment, tu considères que tes désirs sont comblés et tu n'attends rien de plus. Tu es rassasié. Le contentement s'accompagne de calme, de plénitude et de plaisir intérieur par la satisfaction d'un besoin, d'un désir ou d'une aspiration.

Lao-Tseu affirmait : « Savoir se contenter de ce que l'on a, c'est être riche ». Tout comme Saint-Augustin qui disait : « Le bonheur, c'est de continuer à désirer ce que l'on possède ».

« Tu considères que tes désirs sont satisfaits. Tu es content. Ce sentiment de plénitude t'apporte calme et plaisir intérieur. Sache qu'il est possible à tout instant de retrouver cette sensation ! »

Carte 16 : Joie
Gai

La gaieté est une expression de bonne humeur animée, une disposition à rire ou à s'amuser. Cette émotion est souvent démonstrative et se traduit par des comportements et attitudes amusés et joviaux. La gaieté peut se manifester par des signes extérieurs d'enthousiasme et d'exubérance.

« Tu te sens gai avec une impression grisante, proche de l'ivresse. Tu es émoustillé et enjoué. Ce sentiment provoque des réactions physiques démonstratives. En allant jusqu'au rire, la gaieté est très agréable.

Profites-en ! »

Carte 17 : Joie
Épanoui

Se développer et s'investir dans toutes nos possibilités et nos qualités permet de se sentir épanoui. Ce sentiment est enrichissant car il renforce les aptitudes individuelles. L'épanouissement procure un bien-être qui englobe nos potentiels.

« Tu sais développer tes qualités. Tu mets à profit tes aptitudes. Tu te sens épanoui. Ce sentiment te procure une satisfaction personnelle et un bien-être global. Cela donne du sens à ta vie ! »

Carte 18 : Joie
Fortifié

Se sentir fortifié, c'est être sûr de soi. C'est pouvoir ressentir et utiliser sa force intérieure et son courage. Ce sentiment procure une certaine capacité de résistance. Il est revigorant.

« Tu te sens fortifié et sûr de toi ! Une situation de ta vie révèle tes capacités accrues. Cela t'encourage. Alors fonce ! »

Carte 19 : Joie
Joie Vivifié

Se sentir vivifié, c'est ressentir nos énergies vitales.

C'est se sentir plus vivant, plus dynamique. Un élan sur le plan physique montre de l'enthousiasme. Cette dynamique peut provenir d'un regain de force purement physiologique ou d'une motivation accrue au niveau psychique.

« Tu te sens vivifié, car tes énergies vitales sont en hausse. Ce sentiment donne un élan à ta vie en te procurant enthousiasme et motivation. Alors n'attends pas ! Profite de cette dynamique pour avancer ! »

Carte 20 : Joie
Encouragé

Ce sentiment engendre le désir. Il donne les moyens de passer à l'action et d'entreprendre. Nous nous sentons soutenus, aidés dans nos démarches, et à travers ce que nous sommes. L'encouragement favorise l'épanouissement et la réussite. L'état d'esprit d'encouragement est source d'inspiration et d'avancement pour faire aboutir nos projets.

« Tu te sens encouragé car le désir s'exprime en toi. Tu es soutenu, accompagné dans tes ambitions et tes démarches. Cet état d'esprit favorise l'épanouissement et l'inspiration. Garde la foi et persévère ! Tu es sur la bonne voie ! »

Carte 21 : Joie
Curieux

Être curieux, c'est avoir envie de savoir. Ce sentiment suscite l'intérêt. Motivé par la nouveauté ou l'étrangeté, nous sommes désireux de comprendre et avide de connaissances. On parle de curiosité d'esprit lorsqu'il y a entendement, souplesse et ouverture. Elle permet d'évoluer, d'agrandir son champ de conscience. Elle est source d'inspiration, de créativité et stimule l'imagination.

Aristote affirmait que "Le commencement de toutes les sciences, c'est l'étonnement de ce que les choses sont ce qu'elles sont."

Mais attention ! La curiosité peut aussi être fureteuse, indiscrète, insolente, maladive et mauvaise.

« Tu te sens curieux car tu t'intéresses à la nouveauté. Le désir de savoir s'exprime en toi. "Si la moindre des choses contient un peu d'inconnu, trouvons-le !" affirmait Guy de Maupassant. Mais interroge-toi sur ce qui suscite ta curiosité. Est-elle saine ? »

Carte 22 : Joie
Libre

Nous nous sentons libres lorsque nous ne sommes pas soumis à des contraintes externes ou personnelles. L'altérité n'entrave pas nos envies et nos besoins. Nous ne nous sentons pas limités par autrui. Le sentiment de liberté est ressenti lorsque nous nous sentons autonomes et indépendants. Nous jouissons de droits qui nous apportent suffisamment de satisfaction pour nous sentir maîtres. Nous pensons et agissons par nous-mêmes sans assujettissement aux autres, aux choses, aux idées, au monde.

Mais la liberté est vraiment profonde lorsque nous sommes également libérés de nous-mêmes en conscience. Lorsque nous sommes en mesure de résister aux pressions exercées par notre ego, nos peurs, nos blessures et nos concepts limitants. Pour trouver la liberté, certains s'isolent du monde. Mais sont-ils vraiment libres ? Certes, ils rencontrent moins d'obstacles, mais ne sont-ils pas dans l'évitement ? Il reste possible de s'écarter de l'asservissement en évitant de trop s'engager et d'être obligé, moralement, juridiquement, religieusement... Et si la rencontre avec l'autre était la seule manière de vraiment se connaître soi-même ? Avoir le sentiment d'être libre ne veut pas dire que nous le sommes. La liberté implique le collectif. Nous ne sommes pas seuls sur la terre, et la proximité est souvent inéluctable. La liberté n'est équilibrée que lorsque l'individu a la possibilité de s'exprimer, de penser, de faire et d'être ce qu'il souhaite sans entraver la liberté de l'autre.

Le sentiment de liberté se distingue de la liberté elle-même. Nous pouvons nous sentir libres dans un contexte pour lequel nous bataillons et qui pourtant nous impose des cadres. Nous pouvons nous sentir libres en nous engageant dans une tradition, une autorité, une croyance, un dogme.

« Tu te sens libre car rien n'entrave ce que tu souhaites penser, dire ou faire. Tu es entier et exprimes ton plein potentiel. Le contexte ne t'impose pas d'obstacles ou de limites. Mais es-tu vraiment libre en toi-même ? Car cette liberté-là est précieuse. »

La peur

La peur est une émotion qui nous permet de nous protéger d'un danger. Elle est désagréable et crée de l'agitation, pouvant aller jusqu'à la terreur et l'angoisse. La peur se manifeste généralement par des tremblements, une augmentation du rythme cardiaque et une respiration perturbée.

Cet état d'esprit est réactif à un choc émotionnel et peut durer plus ou moins longtemps. Elle intervient lorsque nous prenons conscience d'un danger ou lorsque nous le représentons mentalement.

Les expressions "Avoir la peur au ventre" et "Avoir la peur dans les yeux" démontrent que cette émotion s'empare de nous et nous affecte physiquement. En effet, la peur est un instinct de conservation qui provoque une réaction physiologique visant à assurer notre sécurité vitale. Lorsque nous craignons pour notre intégrité physique ou morale, la peur nous pousse à réagir et à analyser le danger, que ce soit pour fuir ou pour combattre.

La peur est désagréable, menaçante, agressive et angoissante. Elle peut être ressentie par anticipation et devenir si éprouvante qu'elle engendre la peur d'avoir peur.

Quant à la phobie, elle représente une réaction systématisée face à des stimuli spécifiques tels que la claustrophobie, l'arachnophobie, l'agoraphobie, etc.

La peur correspond à l'activation de l'amygdale dans les lobes temporaux du cerveau, ce qui déclenche la perception d'un danger. Une fois les lobes temporaux informés de la menace, le cerveau envoie un message aux glandes surrénales, qui produisent de l'adrénaline pour libérer du glucose, permettant ainsi de réagir. Le corps en état d'alerte peut donc se défendre rapidement. Cette augmentation d'énergie permet également de faire face au choc émotionnel. Cependant, la réaction physiologique induite par la peur peut, à l'inverse, entraîner une inhibition de la pensée, une sidération, un état de panique et une angoisse. En effet, si la peur est trop intense, elle ne permet plus de se défendre ni de fuir, elle paralyse. Ce mécanisme agit pour assurer notre survie.

Parmi les nombreuses peurs, certaines sont bien justifiées, tandis que d'autres sont totalement imaginaires. Elles anticipent ou exagèrent des situations. Le cerveau ne fait pas vraiment de différence entre une peur réelle et une peur imaginée. Sans réel danger, l'adrénaline inutile envahit le métabolisme. Les glandes surrénales, excessivement stimulées par des peurs infondées, s'épuisent et finissent par ne plus réagir en cas de danger réel. Cela peut être considéré comme une forme de burnout ou de syndrome post-traumatique.

Les croyances alimentent l'imagination et sont à l'origine de nombreuses peurs qui apparaissent lorsque nous anticipons les dangers en nous basant sur des souvenirs douloureux.

Mais ces traumatismes ne sont pas toujours conscientisés. Nous n'en avons plus le souvenir, et pourtant le corps réagit. La démesure de nos réactions nous déroute. Nous sommes incapables de comprendre certaines de nos peurs qui nous semblent irrationnelles.

Si nous laissons la peur nous convaincre qu'il y a un réel danger, nous validons nos croyances. Les craintes peuvent ainsi devenir récurrentes, voire obsédantes, et très limitatives. Les comportements d'évitement qui en résultent vont rassurer, mais entravent notre liberté.

L'intensité de la peur est à la mesure du souvenir traumatisant, qu'il soit conscientisé ou non. Les peurs prennent racine dans nos frustrations. Nous craignons pour notre intégrité. Nous avons peur de perdre notre dignité, notre place, notre grandeur et le sens de la vie. La perte de confiance en soi justifie les peurs, tout en étant alimentée par elles.

Nous allons alors nous juger, nous blâmer ou au contraire nous mesurer aux autres dans des conflits de pouvoir. C'est ainsi que l'ego apparaît pour nous sauver. Il veut nous préserver de l'exclusion, de la honte et de la perte de pouvoir personnel en général. Nous pouvons nous sentir incompris. Nous allons alors avoir tendance à nous justifier et à chercher l'approbation, tout en restant sur la défensive.

Un mécanisme de privation inconscient peut s'installer, et nous passons à côté de beaucoup d'opportunités d'évolution. Le changement devient source d'angoisse et l'inconnu nous effraie. Si la peur provient de la frustration, elle est une occasion d'identifier nos désirs en souffrance. Ne dit-on pas que derrière toute peur, il y a un désir ?

Et parfois, derrière ce désir, se cache une autre peur, plus sournoise, plus profonde encore... Imaginons la peur de l'eau et l'angoisse de se noyer. Derrière cette peur, il y a un désir de lâcher-prise pour se laisser porter par une substance fluide, que l'on ne maîtrise pas complètement. Cet appel à lâcher-prise révèle une peur d'être submergé. Et si derrière cette peur, il y avait une envie de liberté, de légèreté ? Une envie de déléguer ? Ou au contraire, un besoin d'assumer davantage de responsabilité, pour s'engager et se sentir exister ?

La fouille intime à travers nos peurs est une exploration à plusieurs niveaux.

Imaginons une autre peur : celle de faire des erreurs et de se tromper. Derrière cette crainte se trouve un désir de réussite et d'aptitude. Ce désir non assouvi peut révéler une croyance limitante liée à l'idéalisation de la perfection. À la source de ce désir se trouve à nouveau une peur plus profonde : celle de ne pas être à la hauteur, ou celle du regret et du remords. Peut-être qu'une expérience passée provoque cette crainte. Nous voudrions revenir en arrière et recommencer différemment. Et si cette peur était une occasion pour retenir une leçon ? Pour grandir en sagesse et en humilité aussi ? Et pour ne plus craindre à l'avenir de se tromper. En comprenant que nous faisons de notre mieux à chaque instant.

Sans cette compréhension, l'ego risque de se faire une raison et le mental pourra aller même jusqu'à justifier ses erreurs.

Le risque de voir s'accumuler d'autres peurs s'amplifie si nous ne prenons pas le temps de consulter nos désirs profonds et nos croyances qui les entravent.

Si la philosophie peut nous guider face à la peur, le Stoïcisme est un courant de pensée approprié. Il affirme que nous pouvons vivre une vie plus heureuse en cessant de vouloir tout contrôler. Mais en recherchant autant que possible notre libre-arbitre et notre discernement pour faire face à la réalité, et accueillir ce qui ne dépend pas de nous et sur lequel nous n'avons pas de prise.

Cette philosophie indique que la seule chose que nous pouvons maîtriser face à l'impondérable, est notre attitude intérieure. Ainsi la discipline de nos états d'esprit est la clé face aux événements extérieurs.

Pour une vie heureuse, il faudrait se fier davantage à notre ressenti qu'aux contingences et modifier notre point de vue pour apaiser notre conscience.

Le Stoïcisme nous apprend à nous concentrer sur ce que nous pouvons changer, et à apprécier ce que nous avons, au lieu de se confronter à l'adversité. Cette philosophie permet de sortir du sentiment de frustration et d'éviter de ressentir la peur dans des circonstances où justement elle est inutile. Elle nous encourage également à voir l'épreuve comme une opportunité ; à se laisser surprendre pour ouvrir son esprit à la nouveauté. Car la vie devrait être un enseignement et une évolution pour lui donner un sens.

Et enfin, le Stoïcisme nous dit que la mort n'est pas à craindre car elle donne de la valeur à la vie. Profiter de l'instant, en prenant part à la vie, sans contrôler, est une attitude qui peut procurer joie et tranquillité.

Carte 23 : Peur
Peur de base

« Tu es ici dans une émotion primaire. Tu ressens la peur. Lorsque tu auras repris tes esprits, tu pourras rechercher les désirs inassouvis qui se cachent derrière tes craintes. »

Carte 24 : Peur
Effrayé

L'effroi est un saisissement provoqué par une très grande peur. Cette peur nous surprend. Elle est accaparante et perturbe le raisonnement. Elle provoque de l'appréhension, du tourment et du découragement. L'effroi est une réaction immédiate à la peur lorsqu'elle n'a pas eu le temps d'être traitée et raisonnée. Elle est bloquante.

« Tu es effrayé. Une situation te surprend et tu es saisi par l'appréhension et le découragement. Tu es pour le moment très tourmenté. Prends le temps de rationaliser ce que tu ressens ! »

Carte 25 : Peur
Épouvanté

Être épouvanté, c'est ressentir une terreur face à l'horreur. Cette émotion est brutale, violente, extrême. Ce que nous percevons nous impressionne et nous inspire de la répulsion. La fuite est souvent la réaction première et le déni est un mécanisme de survie.

« Ce que tu perçois t'apparaît terrifiant. Tu es épouvanté. Tu ressens de la répulsion et ta réaction première est de résister ou de fuir. Prends garde au déni ! »

Carte 26 : Peur
Craintif

Être craintif, c'est être sujet à l'inquiétude. C'est prendre peur facilement à l'avance. C'est envisager avec inquiétude l'existence possible de quelque chose de néfaste rien qu'à l'idée de subir quelque chose. Il s'agit d'une anticipation néfaste et d'une appréhension anxiogène.

« Tu as peur à l'avance. Ta tendance à appréhender les événements de manière négative te rend craintif. L'idée que tu te fais de ce qui pourrait arriver t'inquiète. Essaye de regarder les choses avec davantage d'objectivité ! »

Carte 27 : Peur

Inquiet

L'inquiétude désigne une agitation, un mouvement mental ou physique, provoqué par l'appréhension et l'anticipation négative d'un événement à venir. L'incertitude et l'imagination alimentent cet état d'esprit. L'inquiet se fait du souci. Il pense de manière répétée ou intense à ce qui est négatif.

« Tu es inquiet et ton esprit est très actif L'incertitude provoque en toi de l'appréhension. Tu crains le pire. Ce mécanisme peut être une habitude liée au passé. Et si tu cherchais la cause de ces biais cognitifs pessimistes ? »

Carte 28 Peur

Préoccupé

Se sentir préoccupé, c'est être accaparé par une idée. Nous sommes préoccupés lorsque notre esprit est fortement absorbé par une situation à laquelle nous accordons beaucoup d'importance. Un souci prioritaire nous occupe. Nous ne sommes plus disponibles car nous nous sentons totalement investis dans quelque chose.

« Ton esprit n'est plus disponible. Tu te sens préoccupé. Ton mental est totalement absorbé par une idée et une situation dans laquelle tu t'investis. Tes priorités sont accaparantes. Peux-tu prendre du recul pour hiérarchiser tes soucis ? »

Carte 29 : Peur
Intimidé

Nous nous sentons intimidés lorsque nous manquons d'assurance. Avec ce sentiment, nous sommes impressionnés et pouvons perdre nos moyens. Troublés et confus, la peur de ne pas être à la hauteur nous rend fragiles. Nous perdons confiance en nous. Vouloir plaire ou craindre l'autre sont des exigences du mental. Ces situations sont des opportunités pour redimensionner l'ego ou, au contraire, pour trouver une motivation à se dépasser. La timidité peut devenir un trait de caractère handicapant. Tremblements, pâleur, transpiration et souffle coupé, la timidité est souvent visible. Cette tendance provient d'une focalisation sur soi et d'une anticipation anxieuse. La dévalorisation en est la source. Très souvent, ce sentiment conduit à la fuite et au repli. L'évitement n'est pas une solution. Se dérober systématiquement aux exigences du monde risque d'entretenir la timidité et ne donne pas l'occasion de s'améliorer. Se confronter progressivement à la difficulté et à la peur de l'échec peut permettre de diminuer ce sentiment de dépréciation malsaine.

« Tu te sens intimidé car tu es impressionné. Ce sentiment provient d'un manque d'assurance. Est-il récurrent pour toi ? Dans quelle mesure peut-il te permettre de t'améliorer ? Redimensionner ton ego ? Ou avoir le courage de te dépasser ? »

Carte 30 : Peur
Prostré

La prostration est un affaiblissement et un abattement physique et moral. Lorsque les émotions ont un effet tétanisant, elles conduisent à la fuite et au repli. L'individu se sent bloqué, entravé, empêché. Il est frappé d'inertie et limité dans une impasse. Son incapacité à réagir l'immobilise. Ce mécanisme est naturel lorsque nous avons l'impression de n'avoir aucune solution en soi pour faire face à ce que nous percevons. Cette réaction peut aussi être salutaire. Elle nous met en retrait en attendant qu'un danger s'éloigne. Le discernement est nécessaire pour définir la cause de cette paralysie.

« Tu es tétanisé, empêché. Tu ne peux pas réagir. Tu te sens prostré. Fais-tu face à une situation de danger qui demande de l'attente et de l'immobilisme ? Ou es-tu bloqué par ton manque de ressources et de discernement pour agir avec pragmatisme ? »

La Paix

Carte 31 : Paix
Paisible

Se sentir paisible, c'est être tranquille et en paix. Ce sentiment calme et décontracte. L'absence de conflits et d'agitation procure cette sensation.

Dans cet état de sérénité, nous nous reposons le corps et l'esprit car nous n'éprouvons aucune inquiétude morale, aucun souci, aucun désaccord.

« Tu es tranquille et tu peux te détendre. Tu te sens paisible. Sans conflit, sans inquiétude. Profite de ce calme pour te relaxer et te reposer ! »

Carte 32 : Paix
Satisfait

Se sentir satisfait, c'est percevoir nos attentes et nos désirs comblés. C'est être content de ce que l'on a ou de ce qui est. La satisfaction procure un sentiment de plénitude et d'accomplissement. Nous pouvons nous sentir rassasiés et heureux.

« Tu es content. Tu te sens satisfait. Des besoins ou des désirs ont été comblés. Une forme de plénitude et d'accomplissement te permet maintenant d'être dans la gratitude. »

Carte 33 : Paix
Confiant

Se sentir en confiance face à quelqu'un, à soi-même ou une situation, consiste à se sentir en sécurité. La fiabilité est perçue comme une garantie rassurante. Cette croyance spontanée ou acquise en la valeur morale, affective ou sociale semble certaine. Que cette sécurité soit établie ou non, la « ressenti. La confiance totale peut provoquer une déception, entraînant alors une trahison. La confiance en soi est un point très important dans la connaissance de soi et la pensée philosophique. Elle est nécessaire. Comme l'a dit Bernard Werber : "On ne peut pas vivre sans cesse dans la peur. Parfois, il faut prendre le risque de la confiance."

« Tu te sens confiant par rapport à ce que tu rencontres en ce moment. Tu crois solidement que les valeurs et les garanties auxquelles tu tiens sont respectées.

Et si la méfiance venait à t'atteindre; sache que le jeu de la confiance en vaut toujours la chandelle !

Carte 34 : Paix
Soulagé

Pour se sentir soulagé, il faut se décharger, s'alléger et se dispenser d'un effort. Se délivrer d'un poids, d'une souffrance morale ou physique permet de se soulager. Mais pour diminuer nos charges, il faut parfois renoncer et reconnaître nos limites. Déléguer, se désencombrer est souvent nécessaire. Se débarrasser de nos fardeaux nous évite la fatigue, que ce soit une tâche à accomplir ou une charge mentale. Être soulagé, c'est se sentir libéré d'un poids, d'un souci, d'un remords. S'appuyer sur quelqu'un peut soulager, mais s'organiser pour planifier en hiérarchisant les priorités peut également nous soulager. Un conflit intérieur, une procrastination, un découragement sont des charges.

« Tu te sens soulagé car tu as moins d'effort à fournir. Tu es délivré d'un poids qui te pesait physiquement ou moralement. Ce sentiment est un état d'esprit agréable qui redonne de l'énergie. »

Carte 35 : Paix
Rassuré

Se sentir rassuré, c'est retrouver de la sécurité et de la stabilité par rapport à une inquiétude.
Lorsque nous sommes rassurées, nous retrouvons une tranquillité d'esprit que nous avions perdue.
L'assurance est une garantie qui rassure et réconforte.

« Tu te sens rassuré parce que tu retrouves ta tranquillité d'esprit. L'assurance est une garantie qui réconforte et chasse les inquiétudes. Ce sentiment créé plus de stabilité après des émotions perturbatrices. »

Carte 36 : Paix
Disponible

La disponibilité est un état d'être libéré d'engagements et d'occupations. Se sentir disponible consiste à être ouvert et tourné vers le monde extérieur. Sans préoccupations personnelles ni obligations, nous pouvons nous mettre au service sans retenue. Nous nous sentons disposés à la nouveauté, au changement. Nous avons suffisamment de temps et de liberté intérieure pour nous engager sans contraintes. Cet état d'esprit est propice à l'accueil de la nouveauté. Il peut mieux s'adapter et accepter en s'ouvrant davantage.

« Tu te sens disponible car tu n'as pas d'engagements ni d'obligations. Rien ne te retient. Libéré de tes préoccupations personnelles, tu peux sans contraintes t'ouvrir davantage au service et à la nouveauté. »

Carte 37 : Paix
Détaché

Se sentir détaché consiste à être dégagé de liens, à être séparé distinctement de ce à quoi nous adhérons, que ce soit par rapport à une idée, un groupe ou une situation. Se couper de quelque chose permet de faire ressortir sa singularité, son identité, sur le plan physique, psychologique ou moral. Le détachement permet également de se distinguer par différence. Cet état d'esprit individualise et procure indépendance et autonomie. Le détachement amène à se séparer de quelque chose ou de quelqu'un auquel on était attaché, sans lien de dépendance, d'intérêts affectifs, intellectuels ou physiques. Sortir de l'addiction, de la focalisation passe par le détachement et la distance pour rompre avec des habitudes. Le détachement peut ressembler à de l'indifférence et du désintérêt. Ce sentiment est juste quand il s'agit de se défaire de liens toxiques, mais il peut aussi être une manière de se dérober et de fuir certaines responsabilités ou engagements.

Le détachement est parfois un refoulement ou un déni. Nous nous détournons alors de la réalité, car nous pensons ne pas pouvoir y faire face. Par lâcheté ou égocentrisme, le détachement est dans ce cas une échappatoire.

« Tu te sens détaché car tu t'es coupé de quelque chose. Tu prends de la distance et te libères d'un lien pour te distinguer et te singulariser. Tu peux te centrer davantage sur toi-même. Mais prends garde que ce détachement ne soit pas une fuite ! »

Carte 38 : Paix

Attentif

L'attention est la conscience active. Être attentif implique une certaine concentration d'esprit. C'est être appliqué, intéressé et tendu vers quelque chose. Lorsque l'attention est stimulée par l'appréhension, nous pouvons nous sentir sur la défensive, méfiant.

La curiosité nous rend attentifs, nous motivant à prêter attention aux détails et à l'aspect général des choses. Lorsque nous sommes attentifs, nous nous sentons absorbés. L'attention nous éveille, nous éclaire, nous renseigne et nous sommes plus sensibles à ce que nous percevons. Nous devenons plus vigilants, diligents, soigneux et consciencieux. Dans cet état, nous sommes plus réfléchis.

L'attention peut se manifester à plusieurs degrés d'intensité. Elle est généralement obtenue par l'intention, mais elle peut aussi être une habitude bien rodée. Cet état d'esprit se travaille. L'attention n'est pas une émotion par réaction physiologique compulsive. Il s'agit davantage d'un état d'être et d'un comportement volontaire.

Nous pouvons aussi faire preuve d'attention vis-à-vis des autres, être prévenants, pleins d'égards, d'amabilité, de délicatesse et de considération pour autrui.

L'attention est souvent stimulée par la surprise, l'étonnement et la curiosité. La nouveauté et tout changement en général réveillent notre attention et notre sensibilité endormie par l'habitude.

Les attitudes corporelles et les expressions du visage lorsque nous sommes attentifs sont caractérisées par une respiration plus lente et un regard plus intense. Les mouvements sont plus posés. Une forme de discipline gestuelle s'instaure.

Si l'attention est une marque d'intelligence, elle peut aussi, par la volonté, être une manière d'y accéder.

L'attention est une concentration sur un objet. Elle peut être très focalisée ou en arborescence. Elle peut aussi être dans l'expectative lorsqu'il y a attente de quelque chose.

L'attention peut se tourner vers notre intériorité ou vers le monde extérieur. On parle d'introspection ou d'extrospection plus objective.

L'attention permet ensuite l'analyse. Elle éveille l'esprit critique, le discernement et le soin donné aux choses. Elle nous rend plus vigilants, délicats et soucieux. Comme disait Carl Gustav Jung : « Ce que nous évitons de reconnaître en nous-mêmes, nous le rencontrons plus tard sous la forme du destin ». Alors soyons attentifs à nous-mêmes dans une introspection corrélative avec notre environnement.

Faire attention est un signe de volonté consciente et active. La lucidité fait de nous des êtres prudents. Nous prenons garde d'éviter les erreurs et les écueils par manque d'attention.

« Tu es attentif. Ta conscience est éveillée car tu es curieux et intéressé. Quelque chose attire ton attention. Davantage dans l'instant présent, cet état d'esprit t'ouvre à l'inconnu et affine ta perception du monde et de toi-même. »

Carte 39 : Paix

Inspiré

L'inspiration est une incitation, une impulsion dont la motivation et l'origine apparaissent comme surnaturelles. Quelque chose anime, éclaire et agit sur la volonté. Lorsque nous sommes inspirés, nous avons de nouvelles idées.

Nous pouvons également inspirer quelqu'un, lui suggérer une attitude, une décision et susciter en lui des idées. Nous exerçons, parfois sans le savoir, une influence sur les autres.

L'inspiration éveille le goût de la vie. Elle est stimulante. Les artistes, les poètes ont besoin d'inspiration pour créer. Le syndrome de la page blanche évoque ce manque d'inspiration que rencontrent parfois les écrivains.

Mais inspirer, c'est aussi respirer. Alors par analogie, nous pouvons chercher l'inspiration en laissant entrer en nous quelque chose qui va réveiller notre enthousiasme et le souffle créateur. Faire descendre de nouvelles idées dans notre esprit et les exprimer par la création est un processus créateur et innovant.

Aller chercher l'inspiration nécessite un certain

état d'être. Parfois, nos idées s'essoufflent. La fatigue, le stress, les préoccupations nous éloignent de cette capacité à se laisser inspirer. Les esprits accaparés et rigides peinent à s'ouvrir à la nouveauté. Pour retrouver cette capacité d'ouverture, nous pouvons provoquer l'inspiration par l'observation, l'exploration, la lecture, la contemplation. Le lâcher-prise est essentiel pour trouver l'inspiration. Se laisser porter par un film, un livre, une œuvre ; être attentif à ce qui peut nous toucher sont des pistes pour atteindre cet état d'être.

« Tu es inspiré. De nouvelles idées stimulantes enrichissent ta perception du monde et ta créativité. L'inspiration est source de nouveauté et de changement. Cet état d'esprit te redonne goût à la vie. »

L'amour

Ressentir de l'amour est significatif d'une attirance qui crée du lien. L'amour peut s'éprouver à l'égard de soi-même, d'une autre personne, d'un concept, d'une œuvre, d'une activité...

L'amour est un sentiment complexe et multifactoriel qui existe sous différentes formes :

Amour romantique : C'est la forme d'amour que l'on trouve généralement dans les relations amoureuses et les partenariats intimes. Il est souvent caractérisé par des sentiments passionnés, une attirance physique et émotionnelle profonde, ainsi qu'un engagement mutuel.

Amour familial : Il s'agit de l'amour qui existe entre les membres d'une famille. Cela comprend l'amour entre parents et enfants, entre frères et sœurs, entre grands-parents et petits-enfants, etc. Il est souvent caractérisé par la protection, le soutien, la proximité et le lien de parenté.

Amour platonique : C'est une forme d'amour profond et non sexuel qui se développe entre les amis proches. Il repose sur une affection sincère, une connexion émotionnelle et un soutien mutuel. Les amitiés platoniques peuvent être extrêmement précieuses et durables.

Amour altruiste : Aussi connu sous le nom d'amour désintéressé, c'est un amour qui se manifeste par la compassion, la générosité et le souci du bien-être des autres. Il s'agit d'un amour qui va au-delà des relations personnelles et qui inclut la bienveillance envers l'humanité en général.

Amour maternel ou paternel : C'est l'amour profond et inconditionnel qu'une mère ou un père ressent pour son enfant. Il est souvent caractérisé par une dévotion totale, une protection instinctive et une connexion émotionnelle intense.

Amour amical : Il s'agit de l'amour qui existe entre amis proches, qui se soutiennent mutuellement, partagent des intérêts communs, créent des souvenirs ensemble et offrent un soutien émotionnel dans les moments difficiles.

Amour de soi : C'est l'amour que l'on se porte à soi-même, qui englobe l'estime de soi, l'acceptation de soi, le respect de ses besoins et le développement personnel. C'est une forme d'amour essentielle pour cultiver des relations saines avec les autres.

Il est important de noter que ces différentes formes d'amour ne sont pas mutuellement exclusives et peuvent se chevaucher. Les relations humaines sont complexes, et chaque personne peut ressentir et exprimer l'amour d'une manière unique.

Cet état d'esprit est une certaine forme d'admiration. L'amour universel, quant à lui, est un état d'esprit particulier. Également connu sous le nom d'amour inconditionnel ou d'amour cosmique, il s'agit d'un concept qui fait référence à un amour qui transcende les barrières de l'individu, des relations personnelles, voire des limites culturelles et sociales. Il s'agit d'un amour qui englobe toute l'humanité et toute la création, sans distinction de race, de religion, de genre ou de statut.

La définition de l'amour universel varie selon les philosophies et les croyances, mais en général, il est caractérisé par les éléments suivants :

Inconditionnalité : L'amour universel est dépourvu de conditions, d'attentes ou de limites. Il ne dépend pas de ce que les autres font ou de qui ils sont, mais il est offert librement et sans jugement.

Compassion : L'amour universel est imprégné

d'une profonde compassion envers tous les êtres vivants. Il reconnaît la souffrance et les luttes de chacun et cherche à apporter réconfort, guérison et soutien.

Bienveillance : L'amour universel est empreint de bienveillance et de bonté envers autrui. Il inspire des actions et des comportements visant le bien-être et le bonheur des autres.

Unité : L'amour universel reconnaît que nous sommes tous interconnectés et que nous partageons une essence commune en tant qu'êtres humains. Il transcende les divisions artificielles et cherche à favoriser l'unité et l'harmonie entre les individus et les communautés.

Tolérance : L'amour universel est tolérant et respectueux des différences. Il accepte et célèbre la diversité humaine, reconnaissant que chaque personne a une valeur intrinsèque.

Engagement envers le bien commun : L'amour universel inspire l'engagement envers le bien commun et la poursuite d'une société plus juste, équitable et pacifique.

Cette forme d'amour est souvent considérée comme un idéal à atteindre, et il peut être difficile de le manifester dans nos vies ordinaires. Il aurait le pouvoir de transformer les relations et de contribuer à un monde meilleur.

Carte 40 : Amour
(L'amour)

Dans toute forme d'amour, il convient de ne pas oublier que "L'amour du prochain commence par soi-même."

« Ce n'est pas le déterminisme passionnel que nous désirons chez autrui, dans l'amour, ni une liberté hors d'atteinte : mais c'est une liberté qui joue le déterminisme passionnel et qui se prend à son jeu ». - Sartre.

« Tu es reconnaissant pour l'aide que tu reçois. Tu ressens de la gratitude pour le soutien que tu accueilles, et cela t'encourage. Ce sentiment t'ouvre aux opportunités et à la résilience »

La reconnaissance est un sentiment positif envers une personne ou une action qui nous a aidés ou qui nous a fait du bien. Elle nous permet d'exprimer notre gratitude et notre appréciation envers quelqu'un. La reconnaissance est importante, car elle renforce les liens sociaux et améliore la qualité de nos relations avec les autres. Elle peut également stimuler notre motivation et notre engagement dans notre travail ou dans nos activités. En somme, la reconnaissance est une émotion positive qui contribue à notre bien-être et à celui de notre entourage.

Le sentiment de reconnaissance a de nombreux effets positifs sur notre état d'esprit en général et sur notre bien-être, ainsi que sur nos relations avec les autres. Il améliore notre estime de soi, notre confiance en nous et notre sentiment d'appartenance. De plus, il renforce les liens avec les autres en favorisant un climat de confiance, d'empathie et de bienveillance. La reconnaissance peut également améliorer notre productivité, car elle accroît notre motivation et notre engagement dans notre travail.

En conséquence, cet état d'esprit contribue également à notre bien-être physique, car il réduit le stress et l'anxiété.

En somme, le sentiment de reconnaissance est un élément important pour notre bien-être individuel et pour le développement de relations interpersonnelles positives.

« Tu ressens de l'amour, car un élan de bienveillance, de respect et de générosité t'anime. Dans cet état d'esprit, tu te sens chaleureusement emporté, inspiré et sans limites. Peut-être même es-tu amoureux ! »

Carte 41 : Amour Reconnaissant

« Tu es reconnaissant pour l'aide que tu reçois. Tu ressens de la gratitude pour le soutien que tu accueilles, et cela t'encourage. Ce sentiment t'ouvre aux opportunités et à la résilience. »

Carte 42 : Amour
L'affection

L'affection est une forme d'amour qui se caractérise par des sentiments de tendresse, de chaleur et d'attachement envers une personne. Elle peut être exprimée dans des relations familiales, amicales, romantiques ou même envers des animaux de compagnie. L'affection implique généralement une connexion émotionnelle positive et un désir de prendre soin de l'autre.

L'affection se manifeste souvent par des gestes tendres tels que des câlins, des baisers, des caresses ou des mots doux. Elle crée une atmosphère de chaleur émotionnelle et de proximité entre les personnes concernées.

L'affection implique le désir de soutenir et de réconforter l'autre. Il s'agit d'être présent dans les moments difficiles, de prêter une oreille attentive et d'offrir un soutien émotionnel et parfois même matériel.

L'affection se préoccupe du bien-être de l'autre. Cela peut se manifester par des actions visant à assurer le bonheur, la sécurité et le confort de la personne aimée. Par exemple, prendre soin de sa santé, lui faire des petits cadeaux ou lui rendre des services.

Cet état d'esprit peut être exprimé de différentes manières, à travers des paroles douces, des compliments, des gestes d'affection physiques, des sourires chaleureux ou même des regards affectueux.

Les expressions verbales et non verbales contribuent à transmettre l'affection de manière claire et sincère.

L'affection joue un rôle important dans le renforcement des liens relationnels. Elle favorise un sentiment de sécurité, de confiance et de proximité entre les personnes. Elle contribue à créer des relations durables et significatives.

L'affection est une émotion positive qui apporte du réconfort, de la joie et un sentiment d'appartenance. Elle est essentielle pour le bien-être émotionnel et le développement de relations saines. Exprimer de l'affection envers les personnes qui nous tiennent à cœur est un moyen important de nourrir ces relations et de cultiver un environnement émotionnellement enrichissant.

L'ocytocine est une hormone produite dans le cerveau par l'hypothalamus. Elle est libérée par la glande pituitaire postérieure. Elle est souvent associée à des comportements affectueux et à la formation de liens sociaux. L'ocytocine joue un rôle important dans le développement des relations interpersonnelles et dans la modulation des comportements sociaux.

L'ocytocine favorise les liens sociaux en renforçant les sentiments de confiance, d'empathie et de proximité. Elle peut renforcer la connexion émotionnelle entre les individus et encourager des comportements affectueux, tels que le contact physique, les gestes de tendresse et les expressions verbales d'affection.

Cette hormone a également été associée à une réduction de l'anxiété sociale. Elle peut atténuer les réponses de stress et d'anxiété dans des situations sociales, ce qui favorise une plus grande ouverture et une plus grande disponibilité pour l

L'affection et les interactions positives.

L'ocytocine peut rendre les individus plus attentifs aux signaux non verbaux tels que les expressions faciales, les tonalités de voix et les comportements, ce qui favorise une meilleure compréhension des émotions et des intentions des autres.

L'ocytocine est étroitement liée à l'instinct parental. Elle est impliquée dans le rapport parents-enfants, favorisant l'attachement, la protection et les soins, ainsi que la tendresse. Elle joue également un rôle dans la stimulation de la lactation chez les mères allaitantes.

La tendresse peut avoir un effet apaisant sur les individus, en réduisant le stress, en favorisant le bien-être émotionnel et en renforçant les sentiments de sécurité et de satisfaction. Cela peut contribuer à un climat relationnel plus harmonieux et propice à l'expression de l'affection.

Il convient de noter que les effets de l'ocytocine sur le comportement affectueux peuvent varier d'une personne à l'autre en fonction de divers facteurs tels que l'environnement social, l'histoire personnelle et les différences individuelles dans la réactivité hormonale. L'ocytocine ne représente qu'un aspect de la complexité des comportements affectueux, qui sont influencés par de multiples facteurs psychologiques, sociaux et culturels.

« Tu es très affectueux et tu manifestes de la tendresse. Cet état d'esprit peut renforcer tes relations dans la bienveillance. Tu es attentif aux autres et cela te fait le plus grand bien. »

Carte 43 : Amour
Réceptif

Être réceptif signifie être ouvert et sensible aux informations, aux idées et aux expériences qui nous entourent. Cela implique d'être attentif et ouvert à ce qui est dit, fait ou ressenti par les autres. Être réceptif suppose également d'être disposé à recevoir de nouvelles connaissances et perspectives, même si elles diffèrent de nos propres croyances ou opinions.

Être réceptif implique d'avoir une attitude d'écoute active et d'ouverture d'esprit. Cela signifie être prêt à considérer différentes perspectives, à remettre en question ses propres idées préconçues et à apprendre des autres. Lorsque nous sommes réceptifs, nous sommes capables de comprendre et d'apprécier les sentiments et les expériences des autres, ce qui favorise la communication et la compréhension mutuelle.

Être réceptif ne signifie pas nécessairement être d'accord avec tout. Cela signifie simplement être prêt à écouter et à considérer différentes opinions et perspectives avant de former notre propre point de vue. Être réceptif peut nous aider à élargir nos horizons, à apprendre de nouvelles choses et à développer nos compétences interpersonnelles.

Lorsque nous sommes réceptifs, nous sommes aptes à recevoir des impressions et des suggestions. Cependant, nous sommes également plus sensibles et émotifs, ce qui peut nous rendre plus vulnérables aux agressions.

« Tu es réceptif et très ouvert. Tu reçois facilement les informations car tu es disposé à accueillir la nouveauté et à la connaissance. Tu ressens facilement des impressions et des émotions. Prends garde à la sensibilité excessive ! »

Carte 44 : Amour Compatissant

Être compatissant signifie ressentir de la compassion envers les autres. C'est une qualité humaine qui consiste à éprouver de la sympathie, de l'empathie et de la bienveillance envers les personnes qui souffrent ou qui sont dans le besoin.

La compassion va au-delà de la simple empathie, qui consiste à ressentir les émotions des autres. Être compatissant implique de reconnaître la souffrance d'autrui, de se connecter émotionnellement à elle et de ressentir le désir sincère d'aider ou de soulager cette souffrance.

Être compatissant implique souvent de mettre de côté ses propres intérêts et préoccupations pour se concentrer sur les besoins des autres. Cela peut se manifester par des actes de gentillesse, de soutien, de réconfort ou d'aide concrète envers ceux qui en ont besoin. Être compatissant peut également signifier être à l'écoute des autres, leur offrir un espace sûr pour s'exprimer et exprimer leur douleur, et être prêt à offrir son soutien émotionnel.

La compassion est une qualité précieuse qui favorise l'empathie, la solidarité et la compréhension mutuelle. Elle contribue à créer des liens humains plus forts, à promouvoir l'altruisme et à apporter du réconfort.

Ce sentiment qui tend à éprouver les maux et les souffrances d'autrui peut être perturbant. Il peut aussi inspirer de la pitié.

« *Tu ressens de la compassion pour un être. Tu peux même éprouver sa souffrance. Cet état d'esprit te met à l'écoute de l'autre et tu es prêt à offrir ton soutien. Mais prends garde à la pitié. Il est préférable de voir en l'autre sa force plutôt que ses faiblesses.* »

Carte 45 : Amour
Émerveillé

Il s'agit d'un sentiment d'admiration mêlée de surprise. Être émerveillé signifie être rempli d'étonnement, de fascination et d'admiration face à quelque chose de beau, de surprenant ou d'extraordinaire. C'est une réaction émotionnelle positive qui peut être déclenchée par différentes expériences, telles que contempler un paysage magnifique, observer une œuvre d'art, assister à un événement spectaculaire, découvrir quelque chose de nouveau, ou même simplement être conscient de la beauté de la vie. L'émerveillement est souvent associé à un sentiment de surprise et de joie, ainsi qu'à une prise de conscience de la grandeur et de la complexité du monde qui nous entoure. Cela peut conduire à une ouverture d'esprit, à une curiosité renouvelée et à une appréciation accrue de la beauté et des merveilles de la vie.

Être émerveillé implique de suspendre temporairement nos préoccupations quotidiennes et de se laisser captiver par quelque chose qui nous transcende. C'est une expérience qui peut être inspirante et nourrissante sur le plan émotionnel, intellectuel et spirituel. L'émerveillement peut nous aider à cultiver un sentiment de gratitude, à développer notre esprit philosophique et à favoriser une plus grande connexion avec le monde qui nous entoure.

Cultiver l'émerveillement peut avoir des effets positifs sur notre épanouissement en stimulant notre créativité, en élargissant notre perspective et en renforçant notre capacité à trouver du sens et de la splendeur dans les petites choses de la vie.

L'émerveillement est généralement considéré comme une émotion positive, qui implique l'étonnement et la fascination face à quelque chose de beau, de surprenant ou de nouveau. Cependant, il est possible que l'émerveillement puisse avoir des aspects négatifs dans certaines situations. Par exemple, lorsque nous sommes trop absorbés par l'émerveillement, cela peut entraîner une distraction excessive qui peut nuire à la concentration et à la productivité dans des situations où il est nécessaire d'être attentif. De plus, l'émerveillement peut parfois nous conduire à une déconnexion de la réalité. Nous pouvons être tellement pris par l'admiration d'une chose ou d'une idée que nous négligeons les aspects pratiques ou les conséquences réelles. Cela peut mener à des décisions irrationnelles ou à une perte de sens des responsabilités. L'idéalisation excessive provoquée par l'émerveillement peut donner une perception biaisée de la réalité et entraîner une surestimation des qualités ou des caractéristiques de quelque chose ou de quelqu'un. Cette façon de voir peut créer des attentes déraisonnables et conduire à une déception ultérieure. De plus, être constamment à la recherche de l'émerveillement peut nous amener à sous-estimer ou à dévaloriser les expériences ordinaires et quotidiennes. Cela peut conduire à une insatisfaction permanente, à une incapacité à apprécier les choses simples et à une recherche constante de sensations fortes ou extraordinaires.

Il est important de noter que ces aspects négatifs de l'émerveillement ne sont pas inhérents à l'émotion elle-même, mais plutôt à la manière dont elle est vécue ou exprimée. Dans la plupart des cas, l'émerveillement est considéré comme une expérience positive qui peut enrichir notre vie et nourrir notre curiosité. Cependant, il est important de maintenir un équilibre et de garder une perspective réaliste pour éviter les écueils potentiels.

« Tu es émerveillé car tu es agréablement surpris par ce que tu admires. Dans cet état d'esprit, tu peux apprécier la beauté de ce qui t'entoure. Le bien-être que tu ressens éveille ta conscience pour prendre part à la grandeur de la vie. Cependant, il est également important de faire preuve de prudence face à l'idéalisation excessive. »

Carte 46 : Amour

Intéressé

Être intéressé signifie être attiré, curieux ou motivé par quelque chose. C'est un état d'esprit dans lequel on ressent de l'engagement et de l'attention envers un sujet, une activité ou une personne. Lorsqu'on est intéressé par quelque chose, on éprouve un désir d'en savoir plus, d'explorer davantage ou d'interagir activement avec cet élément.

Être intéressé implique souvent un niveau d'ouverture d'esprit et de réceptivité envers de nouvelles informations, idées ou expériences liées à l'objet d'intérêt. Cela peut se manifester par une volonté de poser des questions, de mener des recherches, de participer à des discussions ou de s'investir activement dans des activités liées à l'intérêt en question.

L'intérêt peut être vaste et varié, allant des sujets académiques, scientifiques ou artistiques aux activités de loisirs, aux passe-temps, aux relations interpersonnelles ou même aux questions philosophiques. Chacun a ses propres domaines d'intérêt qui reflètent sa personnalité, ses valeurs et ses expériences individuelles.

L'intérêt peut être une source de motivation et

de plaisir, car il nous pousse à explorer, à apprendre et à nous engager activement dans le monde qui nous entoure. Il peut également favoriser le développement personnel, l'acquisition de nouvelles compétences et la création de liens sociaux en partageant des intérêts communs avec d'autres personnes.

Cependant, être intéressé peut aussi avoir des aspects négatifs selon le contexte et la manière dont il est exprimé. Par exemple, lorsque l'intérêt devient excessif, il peut prendre le dessus sur d'autres aspects de la vie. Cela peut entraîner une obsession ou une dépendance à l'objet d'intérêt, ce qui peut perturber les relations interpersonnelles et négliger d'autres responsabilités.

Parfois, certaines personnes peuvent utiliser leur intérêt pour manipuler ou exploiter les autres. Elles peuvent feindre de l'intérêt pour obtenir des avantages personnels ou pour influencer les décisions des autres de manière déloyale. L'intérêt peut aussi devenir une curiosité malsaine. En effet, être excessivement curieux peut conduire à des intrusions dans la vie privée des autres et à une violation des limites personnelles. Cela peut causer des dommages émotionnels et altérer les relations de confiance.

Certaines personnes peuvent également être excessivement intéressées par elles-mêmes et leur image, devenant narcissiques. Cela peut entraîner un manque d'empathie envers les autres et une focalisation excessive sur leurs propres besoins et désirs. Et enfin, dans certains cas, des individus ou des groupes peuvent utiliser l'intérêt des autres pour manipuler et nuire. Ils peuvent les appâter pour détourner l'attention d'autres problèmes importants ou pour promouvoir des idées ou des actions néfastes.

Il est important de noter que ces aspects négatifs ne sont pas inhérents à l'intérêt lui-même, mais plutôt aux comportements ou attitudes spécifiques qui peuvent l'accompagner. L'intérêt en soi est généralement considéré comme positif, mais il est essentiel d'en être conscient et de l'exprimer de manière équilibrée et respectueuse des autres.

Être intéressé signifie être attiré, curieux ou motivé par quelque chose. C'est un état d'esprit dans lequel on ressent de l'engagement et de l'attention envers un sujet, une activité ou une personne. Lorsqu'on est intéressé par quelque chose, on éprouve le désir d'en savoir plus, d'explorer davantage ou d'interagir activement avec cet élément. Cela implique souvent un niveau d'ouverture d'esprit et de réceptivité envers de nouvelles informations, idées ou expériences liées à l'objet d'intérêt. Cela peut se manifester par une volonté de poser des questions, de mener des recherches, de participer à des discussions ou de s'investir activement dans des activités liées à l'intérêt en question.

L'intérêt peut être vaste et varié, allant des sujets académiques, scientifiques ou artistiques aux activités de loisirs, aux passe-temps, aux relations interpersonnelles ou même aux questions philosophiques. Chacun a ses propres domaines d'intérêt qui reflètent sa personnalité, ses valeurs et ses expériences individuelles.

L'intérêt peut être une source de motivation et de plaisir, car il nous pousse à explorer, à apprendre et à nous engager activement dans le monde qui nous entoure. Il peut également favoriser le développement personnel, l'acquisition de nouvelles compétences et la création de liens sociaux en partageant des intérêts communs avec d'autres personnes.

Cependant, il est important d'être conscient des différents aspects de l'intérêt. Parfois, un intérêt excessif peut prendre le dessus sur d'autres aspects de la vie et causer des déséquilibres. Il est donc important de maintenir une perspective équilibrée et de veiller à ne pas négliger d'autres responsabilités ou relations.

De plus, il est essentiel de faire preuve de respect en exprimant notre intérêt. Nous devons être conscients des limites des autres et éviter d'exploiter ou de manipuler les gens au nom de notre intérêt personnel. Le respect de la vie privée, des choix individuels et des désirs des autres est primordial dans nos interactions.

En conclusion, l'intérêt peut être une force positive qui nous motive à explorer, à apprendre et à nous engager. Cependant, il est important de maintenir un équilibre, de respecter les limites des autres et de ne pas laisser notre intérêt devenir excessif au point de négliger d'autres aspects importants de la vie.

« Tu te sens attiré et curieux par quelque chose ou quelqu'un. Tes désirs d'exploration te motivent. Ton attention est forte et tu peux t'investir pleinement. Prends conscience de tes désirs profonds ! Et méfie-toi de la focalisation ! »

Carte 47 : Amour Passionné

Être passionné signifie ressentir un enthousiasme profond et une dévotion intense pour quelque chose. C'est un état d'esprit très émotionnel dans lequel nous sommes profondément investis et motivés par un sujet, une activité ou un objectif. Lorsque nous sommes passionnés, nous ressentons une énergie positive, une grande concentration et une volonté de poursuivre cette passion en dépit des éventuels obstacles ou des défis à relever.

La passion peut prendre de nombreuses formes, que ce soit dans les domaines des arts, des sciences, des sports, de la musique, de la littérature, de la technologie, etc. Elle peut être dirigée vers un hobby, une carrière, une cause ou même une personne. C'est un feu intérieur qui brûle et qui nourrit notre curiosité, notre créativité et notre engagement.

Être passionné implique souvent d'investir du temps et des efforts dans notre domaine d'intérêt, de chercher à en apprendre davantage, de développer nos compétences et de repousser nos limites. La passion peut également inspirer les autres et créer un sentiment de connexion et de partage avec ceux qui partagent la même passion.

En résumé, être passionné revient à être profondément captivé et motivé par quelque chose, ce qui apporte une joie et une satisfaction personnelles, tout en nourrissant notre croissance et notre développement dans ce domaine spécifique.

Bien que la passion soit généralement considérée comme positive, il existe des situations où elle peut avoir des aspects négatifs. En effet, lorsqu'une passion devient une obsession, elle peut prendre le contrôle de notre vie. Cela peut entraîner une focalisation excessive sur un seul aspect de notre vie au détriment de nos relations, de notre santé mentale et de notre bien-être global. La passion peut aussi entraîner un isolement social, en y consacrant la majorité de notre temps et de notre énergie, au détriment des interactions avec les autres. Cela peut entraîner un déséquilibre dans la vie sociale.

L'état d'esprit passionné est énergivore et peut imposer des exigences élevées. Cela peut conduire à un épuisement physique et mental, ainsi qu'à un stress constant pour atteindre des objectifs élevés. Les passionnés ont souvent du mal à lâcher prise. Ils n'arrivent pas à prendre du recul par rapport à leur passion. Cela peut rendre difficile la gestion de l'échec ou de la critique, car la passion est souvent étroitement liée à l'identité et à l'estime de soi.

La passion peut également perturber d'autres domaines de la vie. Lorsque la passion prend le dessus, il peut y avoir un déséquilibre dans d'autres domaines importants de la vie, tels que la famille, les amis, la santé et les loisirs. Cela peut créer des tensions et des frustrations, et finalement nuire au bien-être global.

Il est important de trouver un équilibre entre la passion et les autres aspects de la vie, de faire preuve de modération et de prendre soin de notre bien-être émotionnel et physique. Il est également important d'être conscient de l'impact de notre passion sur les autres et d'entretenir des relations saines et équilibrées.

« Tu ressens un enthousiasme profond pour quelque chose ou quelqu'un. Tu es véritablement passionné. Ton perfectionnisme est exigeant et tu peux atteindre des sommets. Mais reste attentif à tous les aspects de ta vie pour ne pas te laisser dévorer par cette passion »

La Surprise

Carte 48 : Surprise

Surpris

Être surpris, c'est ressentir une émotion soudaine et inattendue en réaction à quelque chose d'inattendu et d'inhabituel. C'est une réaction naturelle qui peut varier en intensité, allant d'une légère surprise à un choc profond.

La surprise peut être déclenchée par différentes situations ou événements tels qu'une nouvelle surprenante, une rencontre inattendue, une révélation inattendue, un événement spectaculaire ou même une expérience sensorielle inhabituelle. Elle peut également être causée par des émotions positives ou négatives, selon la nature de la surprise.

Lorsque nous sommes surpris, notre attention est généralement captivée par ce qui se passe. Notre corps peut réagir instinctivement avec des réflexes tels que des mouvements brusques, une augmentation du rythme cardiaque ou des expressions faciales de surprise. La surprise peut être suivie d'autres émotions telles que la joie, la peur, l'excitation ou l'inquiétude, en fonction du contexte et de l'interprétation que nous faisons de la situation.

La surprise joue un rôle important dans notre capacité à apprendre et à nous adapter à notre environnement. Elle peut stimuler notre curiosité, nous inciter à poser des questions, à explorer de nouvelles perspectives et à remettre en question nos attentes préexistantes.

L'état émotionnel lié à la surprise peut avoir à la fois des avantages et des inconvénients.

Voici quelques-uns d'entre eux.

Les Avantages de l'état émotionnel lié à la surprise :

Stimulation de la curiosité surprise peut susciter la curiosité et inciter les individus à en apprendre davantage sur la situation qui les a surpris. Cela peut conduire à une exploration et à une découverte accrue.

Amélioration de l'apprentissage : Lorsque nous sommes surpris, notre attention est captivée, ce qui favorise l'apprentissage. Les nouvelles informations inattendues peuvent être mieux mémorisées, car elles suscitent une réaction émotionnelle plus forte.

Réévaluation des attentes. La surprise remet en question nos attentes préexistantes et nous pousse à reconsidérer nos croyances. Cela peut ouvrir de nouvelles perspectives et favoriser une pensée plus flexible.

Renforcement des liens sociaux : La surprise partagée avec d'autres peut renforcer les liens sociaux en créant des moments de connexion et de partage d'expériences communes.

Les inconvénients de l'état émotionnel lié à la surprise :

Sentiment d'insécurité. La surprise peut également engendrer un sentiment d'insécurité ou d'inconfort, surtout lorsque l'événement inattendu est perçu comme menaçant ou perturbateur.

Stress émotionnel. Une surprise intense peut provoquer une réaction de stress émotionnel, ce qui peut entraîner une augmentation du rythme cardiaque, des sensations de tension et une sensation de perte de contrôle.

Difficulté à s'adapter rapidement : Dans certains cas, la surprise peut perturber notre capacité à s'adapter rapidement à une nouvelle situation, car elle peut prendre du temps pour assimiler et comprendre les informations inattendues.

Réaction impulsives : Lorsque nous sommes surpris, il peut arriver que nous réagissions de manière impulsive ou maladroite, sans prendre le temps de réfléchir rationnellement.

Notons que les avantages et les inconvénients de l'état émotionnel lié à la surprise peuvent varier d'une personne à l'autre et dépendent du contexte spécifique dans lequel la surprise se produit. Certaines surprises peuvent être bénéfiques et stimulantes, tandis que d'autres peuvent être déconcertantes et perturbatrices.

La surprise est une émotion qui peut engendrer divers états d'esprit et réactions. Voici quelques-uns des états d'esprit couramment associés à la surprise :

Étonnement :

La surprise est souvent accompagnée d'une sensation d'étonnement, où vous êtes momentanément déconcerté ou interloqué par quelque chose d'inattendu ou de nouveau. Vous pouvez ressentir une sorte de choc ou de confusion initiale face à ce qui se passe.

Curiosité : La surprise peut susciter une grande curiosité et un désir d'en savoir plus. Lorsque vous êtes surpris, vous pouvez être motivé à explorer davantage la situation, à poser des questions et à chercher des explications.

Excitation : La surprise peut également générer de l'excitation, surtout lorsque l'événement inattendu est perçu comme positif ou intrigant. Vous pouvez ressentir une montée d'énergie et une sensation de vivacité.

Appréhension : Dans certains cas, la surprise peut être accompagnée d'une légère appréhension ou d'une certaine inquiétude. Lorsque quelque chose de surprenant se produit, vous pouvez vous sentir vulnérable ou incertain quant à ce qui va se passer ensuite.

Amusement : La surprise peut être amusante, surtout lorsque l'événement inattendu est comique ou divertissant. Vous pouvez éclater de rire ou ressentir un sentiment de joie face à une surprise agréable.

Méfiance : Dans certaines situations, la surprise peut entraîner une méfiance ou une suspicion. Vous pouvez devenir méfiant envers les intentions ou les motivations cachées derrière la surprise.

Ces états d'esprit peuvent varier en intensité et en durée selon la nature de la surprise et la manière dont vous y réagissez. La surprise elle-même est une émotion transitoire qui peut être suivie par d'autres émotions et réflexions en fonction du contexte et de vos propres interprétations.

« Tu ressens une émotion soudaine et inattendue. Tu n'as pas encore eu le temps de traiter les informations de ce que tu perçois. Arraché à ta zone de confort et aux habitudes, tu es surpris. Donne-toi les moyens de profiter de l'étonnement et de la curiosité pour éveiller ton esprit philosophe ! »

Carte 49 : Surprise

Étonné

Être étonné signifie être surpris ou choqué par quelque chose d'inattendu, de remarquable ou de surprenant. C'est une réaction émotionnelle qui se produit lorsque quelque chose dépasse nos attentes ou notre compréhension habituelle.

L'étonnement peut être déclenché par divers facteurs tels qu'une découverte surprenante, une performance exceptionnelle, une réalisation remarquable, un événement extraordinaire ou même un comportement inhabituel. Cela peut se produire dans de nombreux domaines de la vie, comme la science, l'art, la nature, les relations humaines, etc.

Lorsque nous sommes étonnés, nous pouvons ressentir un mélange d'émotions telles que l'émerveillement, l'admiration, la perplexité, la fascination ou même l'incrédulité. Notre attention est captivée et notre esprit est souvent incité à réfléchir, à questionner et à chercher une explication ou une compréhension plus approfondie de ce qui nous a étonnés.

L'étonnement peut être une expérience positive, car il nous pousse à élargir nos horizons, à explorer de nouvelles idées et à nourrir notre curiosité.

Il peut stimuler notre créativité, nous motiver à apprendre davantage et à remettre en question nos croyances et nos schémas de pensée.

L'étonnement peut avoir à la fois des avantages et des inconvénients. Voici quelques-uns d'entre eux :

Avantages de l'étonnement :
Stimule la curiosité : L'étonnement suscite la curiosité et pousse les individus à vouloir en savoir plus sur ce qui les a surpris. Cela favorise l'exploration, l'apprentissage et l'acquisition de nouvelles connaissances.

Favorise l'apprentissage : Lorsque nous sommes étonnés, notre attention est captivée et notre esprit est plus réceptif à l'acquisition de nouvelles informations. Cela peut améliorer notre capacité d'apprentissage et de mémorisation.

Encourage la créativité : L'étonnement peut stimuler la pensée créative en nous incitant à remettre en question les idées préconçues et à explorer de nouvelles perspectives. Cela peut conduire à des innovations et des solutions originales.

Émotion positive : L'étonnement est souvent associé à une émotion positive telle que l'émerveillement, l'admiration et la joie. Il peut enrichir notre expérience émotionnelle et nous apporter du plaisir.

Inconvénients de l'étonnement :

Distraction : Lorsque nous sommes étonnés, notre attention peut être tellement captivée par ce qui nous surprend que nous devenons moins concentrés sur d'autres tâches ou responsabilités importantes.

Incertitude et confusion : L'étonnement peut parfois provoquer une certaine confusion ou incertitude, car il remet en question nos connaissances et nos attentes. Cela peut nous amener à douter de ce que nous pensons savoir ou à nous sentir désorientés.

Vulnérabilité à la manipulation : Lorsque nous sommes étonnés, nous sommes plus susceptibles d'être influencés par les autres, car notre esprit est momentanément déséquilibré. Cela peut nous rendre vulnérables à la manipulation ou à la persuasion indésirable.

Stress émotionnel : Bien que l'étonnement puisse être une émotion positive, il peut aussi être intense et provoquer du stress émotionnel. Certaines surprises peuvent être déconcertantes ou provoquer une certaine anxiété.

Il est important de noter qu'en fonction des individus, des situations et du contexte, certaines personnes peuvent trouver l'étonnement stimulant et enrichissant, tandis que d'autres peuvent le trouver déstabilisant ou distrayant. La manière dont nous gérons et interprétons l'étonnement peut également influencer nos comportements et nos prises de décision.

« Quelque chose d'inattendu dépasse ton entendement. Tu es étonné. Profites-en pour ouvrir ton esprit et étendre tes potentialités. Le philosophe est fille de l'étonnement ! »

Carte 50 : Surprise

Méfiant

Être méfiant signifie être prudent et vigilant dans ses relations et interactions avec les autres, ainsi que dans sa façon d'aborder les situations. C'est un état d'esprit où l'on se méfie des intentions, des motivations ou des actions des autres, parfois avec une certaine dose de scepticisme.

Lorsqu'une personne est méfiante, elle peut être préoccupée par le risque de tromperie, de trahison, de manipulation ou de danger potentiel. Elle peut avoir tendance à se méfier des nouvelles personnes qu'elle rencontre, des offres trop belles pour être vraies, des informations qui semblent peu fiables ou des situations qui paraissent suspectes.

La méfiance peut être motivée par des expériences passées négatives, des traumatismes, des déceptions antérieures ou des croyances personnelles sur la nature humaine. Elle peut également être renforcée par des facteurs tels que la culture, l'éducation ou les normes sociales.

La méfiance peut aider à se protéger des personnes ou des situations qui pourraient être potentiellement nuisibles ou dangereuses. Elle peut contribuer à éviter les abus, les arnaques ou les relations toxiques. Elle incite à être attentif et à prendre des décisions réfléchies. Elle peut encourager à faire preuve de prudence dans la gestion de ses affaires, de ses ressources ou de ses informations personnelles. La méfiance peut aider à développer un esprit critique et à évaluer de manière plus approfondie les informations ou les intentions des autres. Cela favorise la capacité à faire des choix éclairés et à éviter d'être manipulé.

Cependant la méfiance excessive peut conduire à l'isolement social et à une difficulté à établir des relations de confiance avec les autres. Cet état-d'esprit peut entraîner une réticence à saisir certaines opportunités ou à prendre des risques calculés. Cela peut limiter les possibilités d'apprentissage, de croissance personnelle ou de réussite professionnelle. Elle créé l'évitement et le refoulement. Être constamment méfiant peut être à l'origine d'un état de stress et de tension mentale, car la personne est constamment en alerte et sur la défensive.

Il est important de trouver un équilibre sain entre la prudence nécessaire pour se protéger et la capacité à faire confiance lorsque cela est approprié. La méfiance excessive peut entraver les relations et les opportunités positives, tandis qu'une confiance aveugle peut également comporter des risques. Chacun doit trouver son propre niveau de méfiance en fonction de ses expériences, de ses valeurs et de ses besoins individuels.

« Tu es surpris et ton étonnement te rend méfiant. Tu crains le pire et te fermes aux opportunités. Tu veux te protéger. Quel souvenir provoque cette prudence excessive ? »

Carte 51 : Surprise

Incertain

Être incertain signifie être dans un état d'indécision, de doute ou de manque de certitude. C'est lorsque l'on n'est pas sûr de ce qui est vrai, de ce qui va se passer ou de la meilleure décision à prendre dans une situation donnée.

L'incertitude peut se manifester dans différents aspects de la vie, tels que les choix personnels, les décisions professionnelles, les relations, les situations inconnues ou les événements futurs. Cela peut être dû à un manque d'informations, à des perspectives contradictoires, à des risques potentiels ou à des facteurs externes indépendants de notre contrôle.

L'incertitude peut provoquer un sentiment de doute, où l'on remet en question nos connaissances, nos croyances ou nos capacités à prendre une décision éclairée. Elle peut générer de l'anxiété, car elle crée une sensation d'insécurité et de préoccupation face à l'inconnu ou à l'imprévisible. Cela peut engendrer une inquiétude quant à l'issue des événements ou aux conséquences de nos actions. Les prises de décisions deviennent difficiles car on peut hésiter entre différentes options ou craindre de faire le mauvais choix. Lorsque nous sommes incertains, nous recherchons davantage d'informations. Cet état d'esprit nous incite à la prudence pour éviter de prendre des risques excessifs ou de commettre des erreurs. Parfois, l'incertitude nous paralyse et nous nous positionnons dans l'attente, en espérant que des événements ou des circonstances éclairciront la situation.

Il est important de reconnaître que l'incertitude fait partie de la vie et que nous ne pouvons pas toujours tout savoir ou tout contrôler. Apprendre à faire face à l'incertitude de manière constructive et à prendre des décisions malgré elle est un aspect important pour la maturité et de la gestion des défis de la vie.

Le doute nous pousse à remettre en question nos croyances, nos idées préconçues et nos schémas de pensée habituels. Cela favorise une réflexion critique et nous permet de remettre en cause ce que nous pensons savoir, ce qui peut conduire à une meilleure compréhension et à de nouvelles perspectives.

Grâce à l'incertitude, nous sommes plus ouverts à l'apprentissage et à l'acquisition de nouvelles connaissances. Nous sommes plus susceptibles d'explorer de nouvelles idées, de rechercher des réponses et d'élargir nos horizons. Nous allons recueillir des informations, à considérer différentes perspectives pour évaluer soigneusement nos options avant de prendre une décision. Cela favorise une prise de décision plus éclairée et peut nous aider à éviter des erreurs. Nous pourrons ainsi devenir plus flexibles dans notre façon de penser et de nous adapter aux changements. Cela renforce notre résilience et notre capacité à faire face à l'imprévu.

Mais si nous n'apprécions pas cet état-d'esprit, c'est parce qu'il peut engendrer de l'anxiété et du stress, surtout lorsque nous sommes confrontés à des décisions importantes ou à des situations inconnues. Cela peut être émotionnellement éprouvant et affecter notre bien-être. Le doute nous rend hésitants et nous pousse à retarder la prise de décision. Cela peut entraîner une perte de temps, des opportunités manquées ou une stagnation.

Le doute peut venir d'une confusion mentale, mais aussi la provoquer. A force, il peut être épuisant et limiter notre capacité à progresser. Nos décisions sont corrompues et nos choix insatisfaisants. L'absence de certitude peut rendre difficile l'évaluation des conséquences possibles.

Il est important de trouver un équilibre entre l'incertitude et la certitude, ainsi qu'entre le doute et la confiance. Si le doute est pour l'âme philosophe, un catalyseur de conscience ; un excès d'incertitude peut néanmoins être paralysant et entraver notre capacité à agir.

« Le doute te questionne et l'indécision te paralyse. Tu es incertain. Sache trouver l'équilibre nécessaire pour préserver ta confiance en la vie ! Et avance en conscience, tout en sachant que la vérité est souvent relative et en partie reliée au point de vue ! »

Carte 52 : Surprise

Impulsif

Être impulsif signifie agir ou réagir de manière immédiate et sans réflexion préalable. C'est un comportement caractérisé par des actions spontanées, souvent motivées par l'émotion du moment, sans tenir compte des conséquences à long terme ou des implications de ses actions. Nous pouvons alors, être surpris par notre propre comportement. Les personnes impulsives ont tendance à agir sur l'impulsion du moment, sans prendre le temps de réfléchir aux conséquences possibles ou d'évaluer rationnellement la situation. Elles peuvent être guidées par leurs désirs immédiats, leurs émotions intenses ou leurs pulsions, plutôt que par une pensée logique et réfléchie.

Rapide et sans patience, l'individu est pris par la surprise. Il peut être amené à prendre des risques irraisonnés.

Le changement d'humeur rapide et intense provoqué par l'effet de surprise est parfois difficile à contrôler. Les réactions deviennent alors impulsives.

Dans certains cas, cet état d'esprit qui pousse à réagir rapidement, peut favoriser la spontanéité, la créativité et la prise de risques nécessaires à l'innovation. Cependant, lorsque l'impulsivité est excessive ou incontrôlée, elle peut entraîner des conséquences négatives telles que des erreurs, des problèmes relationnels, des dettes financières ou des comportements destructeurs.

« Tu réagis à l'effet de surprise par un comportement impulsif. Respire et reprends tes esprits ! L'étonnement que suscite en toi ce que tu perçois mérite une prise de recul et la maîtrise de tes émotions. »

Carte 53 : Surprise

Choqué

Être choqué est une réaction intense et souvent négative face à une situation, un événement ou une information qui est perçue comme extrêmement surprenante, traumatisante, offensante ou perturbante. C'est une réponse émotionnelle vive qui peut entraîner un état de stupeur, d'incrédulité, de consternation ou de déstabilisation.

Lorsqu'une personne est choquée, elle peut ressentir un large éventail d'émotions telles que l'effroi, la peur, la colère, la tristesse, le dégoût ou l'incompréhension. Le choc peut également provoquer des réactions physiques telles que des tremblements, une accélération du rythme cardiaque, des sueurs, des nausées ou une sensation de malaise.

Le choc peut survenir en réaction à différents types de situations, tels que des accidents graves, des catastrophes naturelles, des actes de violence, des nouvelles bouleversantes, des trahisons, des expériences traumatisantes ou des révélations choquantes. La gravité et la durée du choc peuvent varier d'une personne à l'autre, et certaines personnes peuvent nécessiter un soutien psychologique pour faire face aux conséquences émotionnelles du choc.

Le choc peut être un mécanisme de défense naturel face à des événements perturbants, par la sidération et la modification du processus de mémorisation, que cet état d'esprit engendre.

« Tu es très affecté dans ton corps par une situation qui est arrivée brutalement et violemment. Tu es bouleversé et choqué. La priorité pour toi maintenant est de te poser, respirer, et de te faire aider, pour prendre du recul. »

La Tristesse

Carte 54 : Tristesse

Triste

Être attristé fait référence à un état d'esprit caractérisé par la mélancolie ou le chagrin. C'est une réaction émotionnelle face à des événements ou des circonstances qui suscitent des sentiments de perte, de désespoir, de déception ou de douleur émotionnelle.

Lorsque quelqu'un est attristé, il peut ressentir une baisse de l'énergie, une perte d'intérêt pour les activités habituelles, une perte d'appétit, des troubles du sommeil, des pleurs fréquents, une sensibilité accrue ou une diminution de la motivation. Ces symptômes peuvent varier en intensité en fonction de la personne et de la cause de la tristesse.

La tristesse peut être déclenchée par différentes situations telles que la perte d'un être cher, la rupture d'une relation, l'échec, la déception, la solitude, les changements de vie difficiles, les conflits ou d'autres événements stressants. Il est important de noter que la tristesse est une émotion normale et qu'elle fait partie intégrante de l'expérience humaine. Cependant, si la tristesse persiste pendant une période prolongée ou interfère considérablement avec le fonctionnement quotidien d'une personne, il peut être bénéfique de rechercher du soutien.

« Tu te sens mélancolique et ralenti. Tu es triste. Cette douleur émotionnelle se manifeste par une déception, un découragement. Tu as le sentiment d'avoir perdu quelque chose. Peut-être même que tu as un deuil à faire. N'hésite pas à te changer les esprits, et à laisser le temps te réconforter ! »

Carte 55 : Tristesse

Déçu

Être déçu signifie ressentir une émotion de désappointement, de frustration ou de tristesse à la suite d'une attente non satisfaite, d'un espoir déçu ou d'une situation qui ne correspond pas aux attentes. C'est une réaction émotionnelle qui survient lorsque quelque chose ne se déroule pas comme prévu ou espéré.

Lorsqu'une personne est déçue, elle peut ressentir un sentiment de perte, de regret ou de désillusion. Elle peut éprouver une baisse de motivation, de l'insatisfaction, une perte d'intérêt ou un sentiment d'injustice. Les réactions à la déception peuvent varier en intensité, allant d'une légère déception à une profonde tristesse ou colère.

Les causes de la déception peuvent être diverses, allant des attentes non comblées dans les relations personnelles ou professionnelles, aux échecs dans la réalisation de ses objectifs, en passant par les désillusions liées à des événements extérieurs ou des situations inattendues.

Il est important de reconnaître et de gérer la déception de manière saine. Cela peut inclure l'expression des émotions, la réévaluation des attentes, l'adaptation aux nouvelles circonstances, la recherche de soutien auprès d'amis ou de professionnels, et l'apprentissage de leçons pour l'avenir.

Il est également essentiel de se rappeler que la déception fait partie intégrante de la vie et qu'elle peut être une occasion de croissance personnelle et d'apprentissage. Il est normal de ressentir de la déception à certains moments, mais il est important de ne pas la laisser dominer notre vie et de trouver des moyens constructifs de faire face et de continuer à avancer.

Pour gérer la déception de manière constructive, il est important de commencer par la reconnaître et de définir les états-d'esprit qui l'accompagnent, telles que la tristesse, la frustration ou la colère. Pour ensuite l'accepter. Il sera plus facile d'exprimer votre déception, et d'évaluer vos attentes. Et d'obtenir une perspective plus réaliste afin d'ajuster vos futurs objectifs.

Si des circonstances qui échappent à notre contrôle ont conduit à la déception, il est judicieux d'apprendre à accepter ce qui ne peut pas être changé et à se concentrer plutôt sur les aspects sur lesquels nous avons une influence.

Et finalement, la déception peut être une occasion d'apprentissage. En réfléchissant aux leçons que nous pouvons tirer des expériences et à la façon dont nous pouvons grandir en tant qu'individu.

Après une certaine prise de recul par rapport à cet état-d'esprit, nous pourrons nous fixer de nouveaux objectifs, plus réalistes sans doute. La mise en mouvement peut nous aider à surmonter la déception et à retrouver un sentiment de plénitude et d'accomplissement.

Chacun réagit différemment à la déception et le processus de dépassement peut prendre du temps.

« Tu t'attendais à quelque chose de différent. Tu es déçu. Ce que tu espérais est peut-être irréaliste. Cette tristesse vient de la frustration. Ne désespère pas et prends le temps de réévaluer tes attentes en fonction de ce qui est possible ! »

Carte 56 : Tristesse

Peiné

Être peiné signifie ressentir une profonde tristesse ou une douleur émotionnelle à la suite d'une situation difficile, d'une perte ou d'un événement douloureux. C'est un état émotionnel dans lequel une personne est affectée au plus profond de son être, généralement en raison de circonstances qui touchent son cœur ou ses valeurs personnelles.

Lorsqu'une personne est peinée, elle peut ressentir une douleur émotionnelle intense, une sensation de lourdeur ou une souffrance psychologique. La peine peut être causée par différents facteurs tels que la perte d'un être cher, la séparation, la trahison, la déception, le regret, l'injustice ou d'autres expériences traumatiques.

Les symptômes de la peine peuvent inclure des pleurs fréquents, une sensation d'engourdissement émotionnel, des troubles du sommeil, une perte d'appétit, une diminution de l'énergie, des sentiments d'isolement ou une perte d'intérêt pour les activités habituelles.

La peine est une émotion complexe qui nécessite souvent du temps et du soutien pour être surmontée. Chacun réagit différemment à la peine, et il est important de respecter le processus de deuil propre à chaque individu.

Trouver des moyens sains de faire face à la peine peut être bénéfique. Cela peut inclure l'expression des émotions, et la recherche de soutien.

« Tu es profondément triste et peiné. Troublé dans ton âme, tu as le sentiment de perdre tes énergies. Tes valeurs sont touchées. Prends le temps de définir ce qui te peine vraiment au plus intime de ton être ! »

Carte 57 : Tristesse

Démoralisé

Être démoralisé signifie se sentir découragé, démotivé ou ayant perdu espoir face à une situation difficile, des échecs répétés ou des obstacles insurmontables. C'est un état émotionnel dans lequel une personne peut ressentir une baisse de moral, de confiance en soi et d'énergie.

Lorsqu'une personne est démoralisée, elle peut avoir l'impression que ses efforts ne portent pas leurs fruits, que ses objectifs sont inatteignables ou que la situation est insurmontable. Elle peut éprouver un sentiment de défaite, de frustration, de tristesse ou d'impuissance.

Les causes de la démoralisation peuvent être variées, allant des difficultés personnelles et professionnelles aux déceptions constantes, en passant par le stress chronique ou les pressions extérieures. Des facteurs tels que le manque de soutien, la fatigue, les attentes irréalistes ou les échecs répétés peuvent également contribuer à la démoralisation.

« Ton moral est en baisse. Tu te sens impuissant et sans ressources. Frustré et triste, tes pensées sont défaitistes. Tu as perdu ta joie de vivre. Tu es démoralisé. Regarde ce qui te déçois, te décourage et revois tes objectifs ! »

Carte 58 : Tristesse

Mélancolique

Être mélancolique est un état d'esprit caractéristique d'une profonde tristesse, une pensée sombre et une sensation de malaise général. La mélancolie se distingue souvent de la simple tristesse en raison de son intensité et de sa durée.

Les personnes mélancoliques peuvent ressentir un profond sentiment de perte, de nostalgie ou d'incomplétude, même en l'absence de toute cause spécifique. Elles peuvent avoir une vision pessimiste de la vie et éprouver un sentiment d'impuissance ou d'abattement.

La mélancolie peut également être associée à la réflexion introspective, à la créativité et à une sensibilité accrue. Certaines personnes trouvent même une certaine beauté dans la mélancolie, en la considérant comme une source d'inspiration artistique ou littéraire.

La mélancolie peut être passagère et fluctuer au fil du temps.

« Tu ressens une tristesse qui touche les profondeurs de ton être. Tu perçois ta vie avec pessimisme. Impuissant et accablé, tu éprouves un vide existentiel. Tu es véritablement mélancolique... Et si tu en profitais pour développer ta créativité ? »

Carte 59 : Tristesse

Résigné

Être résigné signifie accepter une situation difficile, désagréable ou frustrante sans espoir ou sans volonté de la changer. C'est un état d'esprit où l'on abandonne l'idée de pouvoir influencer ou modifier les circonstances qui nous entourent.

Lorsque quelqu'un est résigné, il peut ressentir un sentiment d'impuissance et de désespoir. Il peut croire qu'il n'a aucun contrôle sur sa vie ou sur les événements qui se produisent, et par conséquent, il cesse d'essayer de changer les choses. Cette résignation peut résulter de divers facteurs, tels que des échecs répétés, un manque de soutien ou de ressources, ou encore un sentiment d'apathie généralisé.

Être résigné n'est pas nécessairement une réaction positive ou saine, car cela peut entraîner une stagnation ou une détérioration de la situation. Cependant, il est important de reconnaître que certaines circonstances peuvent être hors de notre contrôle réel, et dans ces cas-là, la résignation peut être une façon de faire face et d'accepter la réalité.

Il convient de noter que la résignation n'est pas synonyme de résilience. La résilience implique de faire face aux difficultés et de chercher des solutions pour s'adapter et rebondir. La résignation, en revanche, implique une acceptation passive et sans espoir de la situation.

« Tu as le sentiment de perdre le contrôle et tu as perdu espoir par rapport à une situation. Tu es résigné. Tu abandonnes l'idée de changer quoi que soit. Et si tu voyais les choses autrement ? Des ressources en toi sont peut-être négligées. L'acceptation résignée n'est pas agréable. Alors passe à autre chose ! »

Carte 60 : Tristesse

Vulnérable

Se sentir vulnérable signifie ressentir une sensation d'insécurité, de fragilité ou de faiblesse émotionnelle. C'est un état d'esprit où l'on se sent exposé à subir des blessures physiques ou émotionnelles.

La vulnérabilité peut se manifester de différentes manières. Sur le plan émotionnel, cela peut impliquer de se sentir sensibilisé aux opinions ou aux jugements des autres, de craindre le rejet ou d'avoir peur de montrer ses émotions. Sur le plan physique, la vulnérabilité peut se traduire par une sensation d'insécurité physique, un état de santé fragile ou une faiblesse physique.

La vulnérabilité est une expérience humaine normale et universelle. Elle peut être déclenchée par des événements tels que la perte d'un être cher, une rupture amoureuse, un échec, une trahison ou des changements majeurs dans la vie. Elle peut également être influencée par des facteurs tels que l'estime de soi, la confiance en soi, les expériences passées ou la sensibilité personnelle.

Bien que la vulnérabilité puisse être perçue comme une faiblesse, elle peut également être considérée comme une force. Être capable de reconnaître et de partager sa vulnérabilité avec les autres peut favoriser des connexions plus profondes, une empathie mutuelle et une croissance personnelle. Cela peut également être une étape importante dans la guérison émotionnelle et dans la construction de relations plus authentiques.

« Tu prends conscience de tes limites et de l'insécurité du monde. Tes faiblesses et ta grande sensibilité te rendent vulnérable. Certaines personnes t'ont blessé et tu crains pour toi même. Et si cet état-d'esprit te permettait de développer tes qualités d'empathie ? »

Le dégoût

Le Dégoût est un état d'esprit puissant et souvent perturbateur qui peut surgir face à des stimuli variés, tels que des objets, des situations, des comportements ou des personnes que nous percevons comme répugnants ou moralement inacceptables. Il se manifeste par une forte réaction émotionnelle qui peut inclure une sensation physique de nausée, une aversion intense, voire un désir de se distancier ou de se protéger de ce qui est perçu comme offensant ou contaminant.

Le Dégoût reflète une réaction instinctive et protectrice face à ce qui est perçu comme nuisible ou contaminé, qu'il s'agisse d'une substance physique, d'une idée, d'un comportement ou d'une situation.

Le Dégoût, bien que souvent perçu négativement, peut être une fenêtre précieuse sur notre monde intérieur et nos valeurs. En explorant cette émotion avec une approche philosophique, nous pouvons apprendre à mieux comprendre nos réactions et à les intégrer de manière constructive dans notre vie.

Carte 61 : Dégoût

Dégoûté

Se sentir dégoûté est une expérience émotionnelle marquée par une aversion immédiate et un rejet viscéral. Lorsqu'on est dégoûté par une situation, cela traduit une réaction face à quelque chose de profondément désagréable ou révoltant, souvent perçu comme une violation des normes personnelles ou morales, ou comme une intrusion de ce qui est jugé insalubre ou inacceptable. Ressentir du dégoût envers une personne implique un rejet de ses actions, de son comportement ou parfois même de sa présence, perçus comme dérangeants ou inadmissibles, ce qui peut créer une distance émotionnelle marquée. Être dégoûté par soi-même est un état plus intime et douloureux, résultant d'une insatisfaction ou d'une honte profonde envers ses propres choix, actes ou valeurs, et pouvant affecter durablement l'estime de soi. Lorsque l'on ressent le dégoût que quelqu'un nous adresse, il est souvent accompagné d'un sentiment d'exclusion ou de jugement, renforçant une impression de rejet ou d'inadéquation. Face à cet état émotionnel, il est important d'en identifier la source et d'en comprendre la nature, qu'elle soit physique, morale ou psychologique, pour éviter qu'il ne se transforme en ressentiment ou en culpabilité durable. Une réflexion sur les attentes et les valeurs en jeu, ainsi qu'une ouverture à la compréhension ou au pardon, peut aider à surmonter ce sentiment et à retrouver un équilibre émotionnel.

« Tu ressens une profonde répulsion vis à vis de quelque chose ou de quelqu'un. Ce que tu perçois est écœurant. Tu es dégoûté. Ton corps, tes valeurs et tes croyances ne peuvent accepter cela. C'est indigeste pour toi. »

Carte 62 : Dégoût

Horrifié

Être horrifié est une expérience intense et désagréable, mêlant peur, choc et répulsion. C'est une réaction émotionnelle puissante face à quelque chose de troublant ou menaçant, souvent accompagnée de réactions physiques comme une accélération du rythme cardiaque, des frissons ou une sensation de paralysie, et d'un état mental marqué par l'incrédulité, l'angoisse ou l'impuissance. L'horreur peut avoir diverses origines, qu'il s'agisse de menaces physiques comme la violence, de situations étranges ou inconnues, de confrontations avec des actes immoraux, ou de la perte soudaine de contrôle ou de sécurité. Les émotions sous-jacentes incluent la peur, qui prépare à affronter une menace, la surprise face à l'inattendu, le dégoût pour ce qui viole les normes physiques ou morales, et parfois la tristesse ou l'empathie en réponse à la souffrance extrême. Pour faire face à l'horreur, il est essentiel de reconnaître et d'accepter ses émotions, de prendre du recul pour créer une distance mentale, d'analyser rationnellement la situation, et de chercher du soutien auprès de personnes de confiance. Se réconforter à travers des pratiques apaisantes comme la méditation ou la musique, ou agir de manière constructive face à la situation, peut également aider à retrouver un sentiment de calme et de contrôle. L'horreur, bien que difficile à vivre, est une émotion profondément humaine, et y répondre avec conscience et résilience permet de surmonter son impact.

« Ce que tu subis, ou ce à quoi tu assistes, est terrifiant et violent Tu es horrifié. Tu ressens une forte panique. Ébranlé dans tes capacités à faire face à ce qui arrive, c'est un vrai cauchemar insupportable. Tu voudrais ne jamais avoir été le témoin de ce qui se passe. »

Carte 63 : Dégoût

Mépris

Le mépris est un sentiment complexe qui implique une combinaison de désapprobation, de jugement négatif et de distance émotionnelle. Ressenti envers une situation, il traduit une forte opposition ou un rejet envers ce qui est perçu comme indigne ou absurde, souvent accompagné d'une impression de supériorité morale ou intellectuelle. Lorsqu'il est dirigé contre une personne, il reflète une dévaluation de celle-ci, qu'elle soit basée sur ses actions, ses idées ou sa personnalité, et peut se manifester par une attitude froide, condescendante ou dédaigneuse. Le mépris envers soi-même est plus insidieux et peut naître d'un profond sentiment de déception envers ses propres choix, actions ou valeurs, marquant une rupture intérieure entre l'idéal que l'on poursuit et la réalité perçue de soi. À l'inverse, le mépris adressé par autrui est souvent ressenti comme une blessure, car il met en jeu notre besoin de reconnaissance et d'estime, pouvant déclencher des émotions comme la colère, la honte ou la tristesse. Face à ce sentiment, qu'il soit émis ou reçu, il est essentiel de comprendre sa source : une réflexion honnête sur les attentes et les valeurs en jeu peut permettre de démêler ses causes, d'apaiser les tensions et de rétablir une communication ou une perception plus juste, que ce soit envers les autres ou soi-même.

« Tu éprouves un certain dédain, un dégoût moral et une attitude de supériorité envers une personne, une idée ou une situation. Tu ressens du mépris. C'est une émotion qui révèle ton attitude de supériorité, en considérant ce que tu vois, comme indigne et décadent »

Carte BONUS

Carte 00

Métamorphosé

Se sentir métamorphosé signifie ressentir un profond changement ou une transformation significative dans sa vie, sa personnalité ou son état d'esprit. C'est un état où l'on a l'impression d'être devenu une personne différente, d'avoir évolué ou grandi d'une manière importante.

La métamorphose peut être déclenchée par divers facteurs, tels que des expériences marquantes, des événements significatifs, des rencontres inspirantes, des défis personnels ou des périodes de réflexion profonde. Elle peut également être le résultat d'un travail intérieur, d'une exploration de soi ou d'un cheminement philosophique.

Se sentir métamorphosé peut impliquer un changement positif dans la façon dont on se perçoit, dont on pense et dont on agit. On peut développer une nouvelle perspective sur la vie, une meilleure compréhension de soi-même et des autres, ou un sentiment de libération par rapport aux schémas de pensée et de comportement limitant.

Ce sentiment de métamorphose peut apporter de nombreux avantages, tels que l'accroissement de la confiance en soi, une plus grande clarté dans ses objectifs et ses valeurs, une plus grande ouverture d'esprit et une plus grande résilience face aux défis de la vie.

Sachons que la métamorphose n'est pas un processus linéaire et ne se produit pas nécessairement du jour au lendemain. C'est souvent un cheminement progressif qui nécessite du temps, de l'introspection et un engagement envers le changement personnel. Chacun vit sa propre expérience de métamorphose de manière unique, et les effets peuvent varier d'une personne à l'autre.

Si vous vous sentez métamorphoser et que cela a un impact positif sur votre vie, il peut être bénéfique de continuer à explorer ce changement et à cultiver les aspects positifs qui en découlent. Si vous rencontrez des difficultés ou des défis liés à cette transformation, il peut être utile de rechercher du soutien auprès de personnes de confiance, de vous documenter, ou de lire...

« *Tu te sens différent et beaucoup d'éléments ont changé dans ton être intérieur. Tu vois les choses autrement. Tu es métamorphosé ! Cet état-d'esprit qui te transcende est salutaire, aussi éprouvant soit-il.* »

Conclusion

Nos états d'esprit nous rappellent nos besoins, nos exigences, nos limites et nos vulnérabilités, nous poussant à rejeter ce qui menace notre intégrité physique ou morale, ou à accepter l'intolérable.

Prenons un moment pour identifier les émotions et sentiments à l'origine de nos états d'âme. Notons les pensées et les sensations physiques associées. Essayons de comprendre les origines de nos réactions : sont-elles liées à une expérience passée, à une croyance culturelle, ou à un instinct protecteur ?

Réfléchissons à la manière dont nos états d'esprit influencent nos actions et nos jugements. Est-il possible de transformer nos émotions en une prise de conscience plus nuancée, sans tomber dans la réaction automatique ?

Certains états d'âme peuvent parfois obscurcir notre jugement et nous empêcher de voir les choses sous un jour plus objectif.

Les expressions de nos états d'esprit peuvent être blessantes et créer des distances dans les relations interpersonnelles.

Agir sous l'influence d'une émotion peut

mener à l'évitement ou à la confrontation, limitant notre capacité à rester serein dans des situations complexes.

Le jeu de carte des « Etats d'esprit de l'âme liseuse » est un outil ludique pour explorer nos profondeurs avec philosophie.

Sommaire